Теологически обосновАнно — практически значимо

ВОСПЛАМЕНЯЮЩАЯ БЛАГОДАТЬ

Жить и служить в Божьей Силе

Иоханнес Юстус

2020

Перевод с немецкого

Johannes Justus

Entfachende Gnade

ISBN печатного издания на немецком языке: 978-3-942001-78-6

ISBN электронной книги на немецком языке: 978-3-942001-34-2

Когда христианин позволяет Духу Святому сначала действовать в нем, то тогда в его жизнь приходит и действие благодати, воспламеняющей и всеобъемлющей. Как именно это происходит, как получить духовные дары, как возрастать в благодати, действуя в духовных дарах – это и многое другое изложено в книге Иоханнеса Юстуса «Воспламеняющая благодать», написанной на основании многолетнего практического служения в силе, даруемой Духом Святым.

Места Писания приводятся по Синодальному переводу Библии на русский язык, если не указан другой перевод. Тексты переводов Библии цитируются по www.bible.by.

Юстус, Иоханнес

Воспламеняющая благодать. / Второе дополненное издание, Пер. с нем., 2020.

Персональная страница автора www.johannes-justus.de

ISBN: 978-3-942001-81-6

Дизайн обложки: Даниель Юстус

Компьютерная верстка: Ирена Вик

Переводчик: Ирена Вик

Forum Theologie & Gemeinde (FThG) Industriestr. 6–8, 64390 Erzhausen

fthg@bfp.de • www.forum-thg.de

Оглавление

Об авторе

Как часто себя представляет сам Иоханнес: «Я – муж, отец, дедушка и служитель».

Родившись в 1957 году в верующей семье русских немцев в несуществующей ныне стране, Иоханнес с детства учился доверять Богу и в сложных, и в обычных ситуациях. Конечно, поселок Ключи и сегодня есть в Республике Казахстан, бывшей когда-то одной из союзных республик Советского Союза. Его отец был пастором баптистской церкви, которую посещал и Иоханнес. В 1978 году вместе со своей женой Ирене они создали семью. В настоящий момент у них семеро детей, один из которых приемный, и уже 20 внуков.

Получив техническое образование в Казахстане, по приезду в Германию в 1988 году Иоханнес стал развиваться в этом же направлении. Его диплом был подтвержден, и квалификация признана, но он продолжил обучение, и вскоре работал руководителем проектов в области автоматического управления техническими объектами. Позднее он последовал призыву Бога к пасторскому служению. В 2000 году после получения пасторского образования Иоханнес был рукоположен.

Свое пасторское служение он начал в городке Нинбург, одновременно став ответственным по образованию в Союзе СПЦ по региону Везер-Эмс. В 2009 году стал пастором в церкви «Элим» города Ганновера, а вскоре региональным епископом в восточном регионе Нижней Саксонии. Поскольку Иоханнес всегда предпочитает соединять теорию и практику, то он продолжил свое образование в университете имени Лейбница, получив дополнительную специальность «Супервизия. Консультирование». В 2012 году выбран на общем собрании Союза СПЦ начальствующим епископом Союза свободных пятидесятнических церквей Германии (BFP).

Его большим желанием и стремлением является созидание церковных общин в Германии, и, конечно, за ее пределами. Делом всей своей жизни он считает создание крепких, растущих и живых церквей. И церкви растут, когда христиане не только думают о том, что Царство Божье когда-нибудь будет расти, но и способствуют своими делами тому, чтобы оно проникало на всех уровнях общественной жизни во все социальные слои современного общества, позволяя через себя действовать Духу Святому.

На многих конференциях и проповедях он призывает христиан быть открытыми для действия сверхъестественной Силы Божьей. Поэтому в Германии и за ее пределами многие знают его как наставника, который готов помогать руководителям общин и лидерам развивать свое призвание и раскрывать свои духовные дары. Являясь членом президиума Евангельского Альянса Германии он ратует также за тесное сотрудничество церквей разных деноминаций.

Поскольку для него важно быть мужем, отцом и дедушкой, то несмотря на плотный график начальствующего епископа он старается и любит проводить свое свободное время с женой и семьей.

Обращение к читателю

Понимать дары Святого Духа – это понимать арсенал Божьих сверхъестественных возможностей в решении проблем в наше время – в дни последней жатвы. Каждый христианин имеет доступ к духовным дарам, и он должен возревновать также служить ими. Книга Иоханнеса Юстуса «Воспламеняющая благодать» открывает глаза и готовит нас к победе.

Альберт Векслер,
директор Всемирного Движения
«Иерусалимский Молитвенный Завтрак»
- Jerusalem Prayer Breakfast
(г.Иерусалим, Израиль)

Книга Иоханнеса Юстуса «Воспламеняющая благодать» – одна из тех книг, которые необходимы сегодня христианству. Написанная вдумчиво, с бережным отношением к Слову Божьему такая книга будет большим благословением для народа Божьего, который находится в поиске и ожидании Божьих чудес и хочет приближаться к Богу.

Иисус сказал Своим ученикам, что чудеса и знамения будут их сопровождать. Жить в Божьей силе, упражняться в ней — это наша ответственность. Однако проблемой сегодняшнего христианства часто становится то, что в искреннем поиске, в искреннем стремлении переживания Духа Святого, в искреннем желании не только получить дары Святого Духа, но и применять их, служить ими, многие оказываясь младенцами, входят в духовный мир не через дверь, а через окно.

Я благодарен брату Иоханнесу за то, что его выверенная и взвешенная позиция в отношении даров Святого Духа, изложенная в этой книге, поможет многим ищущим увидеть те действительно божественные проявления, тот божественный путь, который ведет к истинному общению и переживанию действия Святого Духа, дабы оказаться снаряженными для того, к чему призывает нас Господь.

Эдуард Анатольевич Грабовенко,
начальствующий епископ Российской церкви
христиан веры евангельской,
старший пастор пятидесятнической церкви «Новый Завет»
(г.Пермь, Россия)

Дорогой читатель, ты держишь в руках книгу, которая послужит тебе большим благословением и помощью не только в вопросе понимания даров Духа Святого, но также к получению множества практических советов и рекомендаций, как на практике применять эти дары и обходиться с ними.

Лично для меня важно, не столько слушать или читать красиво изложенную теорию, но видеть и переживать действие Божьей благодати в реальной жизни. *«...Ибо Царство Божие не в слове, а в силе» 1 Кор. 4:20.*

Я имею огромную привилегию знать Иоханнеса лично, вместе с ним служить и учиться у него, как у наставника. Поэтому могу подтвердить, что он – человек Божий, которого Господь использует не только как успешного пастора, лидера большого Союза пятидесятнических церквей Германии, учителя и наставника, но и служителя, который действует в дарах Духа Святого, о чем свидетельствует многочисленные плоды. Верю, что опыт его служения и понимание библейских истин о дарах Духа Святого, изложенные в этой книге, послужат и для вас большим благословением и найдут применение в вашем служении Господу.

Ваш во Христе,
Владислав Гречман,
пастор церкви «Источнк жизни»
(г.Берлин, Германия)

Большая привилегия жить во время заключительного этапа Эпохи Церкви и видеть грандиозную работу Святого Духа в великой жатве человеческих душ! Сегодня, как никогда, актуально услышать не только о церковных программах и стратегиях, но также о могущественном действии даров Святого Духа в Теле Христа, о чем и повествует данная книга. Читая её, вы будете шаг за шагом погружаться в уникальный мир откровений, чудес и знамений, которые тесно переплетены с фундаментальными принципами Божьего Слова. Благодаря жизненным примерам и урокам служения, истина о духовных дарах оживет в вашем сердце.

Спасибо, пастор Иоханнес Юстус, за Ваш неоценимый труд и огромное посвящение.

Петр Коваленко,
пастор Харьковской христианской церкви
(г.Харьков, Украина)

Несколько лет тому назад мне посчастливилось познакомиться с удивительным служителем евангельской церкви Германии – Иоханнесом Юстусом. Я узнал в нем ревностного и убежденного сторонника учения о Святом Духе, призывающего христиан быть открытыми для действия сверхъестественной силы Божией.

Книга Иоханнеса Юстуса произвела на меня огромное позитивное впечатление! По моему мнению, «Воспламеняющая благодать» стоит в одном ряду со знаменитыми духовными произведениями лучших евангельских проповедников. Я давно заметил, что среди немецких евангелистов есть какая-то особая ревность и страсть к действиям даров Святого Духа. Неслучайно ведь именно в Германии пять веков назад началась Европейская Реформация. Мне было очень приятно обнаружить, что Иоханнес Юстус, подобно Мартину Лютеру, не боится ставить серьезные богословские вопросы и искренне искать на них ответы. Я уверен в том, что эта книга – часть Божьего плана, способная помочь раскрыть сверхъестественный потенциал современной Церкви.

Нередко можно услышать, будто бы дары Святого Духа и сверхъестественные действия остались где-то во глубине веков – в самых первых годах существования Церкви. Иоханнес Юстус показывает в своей книге, что это вовсе не так. Дух Святой и ныне действует в Церкви, наполняя любовью и чудесами жизни всех верующих в Иисуса Христа. Книга «Воспламеняющая благодать» открывает читателям новые горизонты и возможности духовных действий в современной Церкви. Пророческие дары, пророческие действия, боговдохновенные мысли и слова – у Господа всегда есть много того, чем Он может удивлять и благословлять нас каждый день.

Своей книгой Иоханнес Юстус в хорошем смысле бросает вызов христианам XXI века. Способны ли мы доверять Богу настолько, чтобы Дух Святой мог действовать в нас и через нас? Можем ли мы принимать Евангелие во всей полноте, в том числе и сверхъестественную силу Божью? Достаточно ли в нас смирения, чтобы мы не впадали в соблазн прославлять себя, а не нашего Господа Иисуса Христа? Для автора действия Святого Духа являются неотъемлемой частью жизни, и он призывает каждого из нас не отворачиваться от них, но доверять Богу и принимать Его любовь и всемогущество. Все многообразие духовных даров присутствует в Церкви и сегодня – нам нужно лишь доверять Богу и быть открытыми к Его сверхъестественным действиям.

Это замечательное произведение будет интересным всем читателям, независимо от их конфессиональной принадлежности, духовного опыта или его отсутствия. В книге даны богословские и этические ориентиры, помогающие не впадать в искушения, не поддаваться спонтанным эмоциям, не путать человеческое и божественное. Иоханнес Юстус помогает нам по-новому взглянуть на Священное Писание и увидеть, как вечные истины становятся неотъемлемой частью наших жизней. Автор книги напоминает, что пророчество, вдохновленное Святым Духом, приносит свободу, а не рабство, и я с ним абсолютно согласен! Пророчество устанавливает не духовную диктатуру человека, а суверенность Бога! Все, что разрушает независимость, индивидуальность и ответственность человека, не есть от Святого Духа! Мы не марионетки, а созданные по образу и подобию Творца! И это истина!

Я искренне рекомендую книгу Иоханнеса Юстуса не только для прочтения, но и для практического применения всем христианам, исповедующим имя Иисуса Христа. Слово Божие живо и действенно! Пророчество от Бога обязательно исполнится! Сила Святого Духа может действовать в жизни каждого из нас!

С уважением,
Сергей Васильевич Ряховский,
начальствующий епископ Российского объединенного Союза
христиан веры евангельской (пятидесятников),
член Совета по взаимодействию
с религиозными объединениями при Президенте РФ,
член Общественной Палаты Российской Федерации,
сопредседатель Консультативного
Совета Глав Протестантских Церквей России

Прочитанное мною в книге «Воспламеняющая благодать» Иоханнеса Юстуса, я бы назвал очень конкретным и полезным учением. О крещении Духом Святым написано достаточно и убедительно как помощь наставнику для наставления. Но материал изложен так, что может поспособствовать появлению желания креститься.

Когда читаешь, например, главы о дарах исцеления или о пророчестве, то читаешь сбалансированно написанный учебник, и, главное, обоснованный по Писанию, что в наше время весьма редко. Я рекомендую эти материалы для всех ищущих Господа.

Артур Симонян,
старший пастор церкви христиан
веры евангельской «Слово Жизни»
(г.Ереван, Армения)

Область вопросов духовного характера всегда была сложной для понимания. Некоторые верующие принимают любые духовные проявления без разбора, даже не пытаясь исследовать источник происхождения «чудес». Такого рода всеядность одной группы христиан, привела к тому, что другая группа верующих, преткнувшись на неадекватности отдельных духовных движений, полностью закрылась от всего сверхъестественного.

С первых страниц книги «Воспламеняющая благодать» становится ясно, что пастор Иоханнес Юстус компетентен в вопросах духовных даров, потому что сам много лет практикует это в своем служении. Книга написана понятным языком и охватывает разные сферы духовных практик. Это хорошее пособие для пастырей как найти разумный баланс, применяя чудотворения, пророчества и другие дары Духа в своей поместной общине. Опыт пастора Юстуса может служить руководством к действию в нестандартных ситуациях и способствовать обогащению церкви духовными дарами, не впадая в крайности.

Александр Шевченко,
пастор церкви «Дом Хлеба»
(г.Сакраменто, США)

Слова признательности

Я благодарю за поддержку при создании этого произведения пастора Альберта Штайна, пастора Беньямина Завадски, доктора Рудольфа Фихтнера, пастора Даниеля Юстуса и мою жену Ирене Юстус, которая всегда в меня верила, а также множество других людей, которые принимали мое служение, что позволило мне расти и развиваться.

Вступительное слово автора к русскому изданию

Довольно часто после моих семинаров, лекций и проповедей о духовных дарах и Святом Духе, ко мне подходили люди, чтобы узнать, где они могли бы еще раз прочитать изложенное мною и углубить свои знания. Поскольку услышанное, к сожалению, не всегда удается удержать в памяти и оно улетучивается со временем, и было бы хорошо, если бы можно было прочитать, закрепив услышанное. К сожалению, я мог ссылаться только на другую литературу, к которой обращался сам, но она не содержит многого из моих учебных материалов, примеров и опыта. Во всяком случае, в последние годы меня чаще и чаще спрашивали и приглашали в различные церкви и на конференции с просьбой изложить учение о Святом Духе и духовных дарах. В конце концов, Президиум Союза свободных пятидесятнических церквей Германии попросил меня изложить в письменной форме мои знания и накопленный опыт, так родилась идея об этой книге сначала на немецком языке, а теперь Вы держите в руках ее перевод на русский язык.

При ближайшем рассмотрении концепции мне стало ясно, что мало кому поможет, если я просто напишу еще одну книгу о Святом Духе и Его действии, потому что литературы подобной тематики существует уже немалое количество среди пятидесятнического движения. Однако есть в Библии то фундаментальное понятие, которое сопровождает меня всю мою жизнь и играет центральную роль в моем отношении к этой теме. Это Божья благодать. Для меня было важным этой книгой подвести читателя к новому пути, исходя из этого центрального понятия.

Христиане охотно подчеркивают реальность духовной жизни. Но по моему мнению не все находится в руках людей. Мы видим в Священном Писании, что для духовной жизни и действий нужна Божья благодать. Это она захватывает наши сердца, и ею мы – христиане – спасены. Она ведет нас к принятию самих себя. Она вычерчивает нашу личность и направляет нас по пути нашего предназначения.

Наконец, именно благодать оснащает нас для служения другим. Ее действие не статично, а направлено на постоянный рост.

Если я смогу подарить веру моим слушателям, то мне явно дана благодать говорить об этом безмерном подарке и силе. Так я предпринял попытку внести свой вклад в некоторые из уже освещенных тем о Святом Духе. Предлагаемая книга — это призыв принять Божью благодать, в ней служить и с ее помощью расти. Сосредотачиваясь на дарах благодати, я беру за основу понятие «благодать». Я хочу открыть моим читателям новые перспективы и помыслы, освобождая Божье действие через Его Дух от привкуса мистики и непонятности, которые ему несправедливо приписывают. В течение многих лет я утверждаю в христианской среде, что мы становимся духовными в естественных вещах и естественными в духовных. Этой же цели должна служить и эта книга.

Я понимаю, что многие идеи и темы, которые я поднимаю, требуют более глубоких объяснений. Не всегда мне удавалось подойти к этому способом, удовлетворительным и для меня самого. Также такое сложное само по себе понятие «благодать»[1] или ее определение я не смог охватить в этой книге. Для меня было важнее создать рабочий материал, который может быть всегда под рукой. Поэтому я прошу о снисхождении тех читателей, которые ожидали богословского трактата. При написании этой книги мне стало ясно, что я должен избавиться от некоторых ярлыков и жестких категорий в моем мышлении. Причиной для этого стали изменения, вызванные работой над книгой. Я благодарен за это и хотел бы, чтобы и у моих читателей это произведение произвело изменения в том смысле, который вкладывал Петр, говоря о возрастании в благодати (2 Петр. 3:18).

Ганновер, весна 2020,
Иоханнес Юстус

---

1 Эмиль Бруннер писал, что она является «центральным понятием христианского-библейского познания Бога». Бруннер, Эмиль. «Религия в истории и современности», [Благодать] / Эмиль Бруннер. – 3; Т.2. – Тюбинген, 1957. – С. 1261

Часть 1: Божья благодать как источник движущей силы жизни

1 «ХАРИС» – МАЛЕНЬКОЕ СЛОВО С БОЛЬШИМ ЗНАЧЕНИЕМ

1.1 БЛАГОДАТЬ В СОВРЕМЕННОЙ КУЛЬТУРЕ – ИЗВЕСТНАЯ И ЧУЖДАЯ ОДНОВРЕМЕННО

Слово «благодать», без сомнения, одно из наиболее часто употребляемых в церковной среде. На Богослужениях снова и снова возносятся молитвы и благодарения за *Божью благодать*. Только благодаря ей мы можем устоять пред Богом и, как несовершенные люди, мы нуждаемся в ней день ото дня. И хотя определение понятия «благодать» неизмеримо важно, используется это слово довольно абстрактно, хотя и повсеместно. Его используют так часто, что его смысл стерт и непонятен. Для многих христиан *«благодать» стала благочестивым, но пустым словом*, которое на слуху, потому что используется во время Богослужений и в личных молитвах, но в буднях не имеет никакого значения. Этому способствует и отсутствие социальной значимости благодати, которая едва ли находит себе место в современной западной культуре.

Понятие «благодать» стал старомодным, и в секулярном словаре практически исчезло. Вне церковного употребления его можно еще встретить в правовой системе или в устаревшей форме вежливого обращения, такого как *«благодатная»* или *«милостивая»*. Это безусловно связано с нашим сегодняшним образом жизни. Современный независимый человек не хочет ничего получать даром или быть помилованным. Он более нацелен на то, чтобы получить свое по праву. Мы находимся под влиянием демократической системы и политического либерализма, поэтому для нас привычно, что сумма индивидуумов управляет снизу вверх. Мысль о зависимости от *милости высшей власти*, пробуждает нечто негативное в эмансипированном человеке. Поэтому нет ничего удивительного в том, что понятие «благодать» становится чем-то чуждым для современного жителя Западной Европы.

1.2 Благодать в грекоязычном окружении новозаветного времени

Павел и другие авторы Нового завета используют слово «благодать» (греч. «Χάρις» – «charis»), как и их греко-эллинистическое окружение, в разных аспектах. У короткого слова «харис» довольно широкий диапазон определений. Давайте сначала рассмотрим значение слова «харис» или «благодать» в языческой среде времени Нового Завета, чтобы отчетливей увидеть разницу. Как мы находимся под влиянием окружающей нас сегодня культуры, так и окружение новозаветных авторов влияло на их понимание о благодати (особенно это заметно у Павла).

В греческом окружении новозаветного времени словом «харис» обозначали «...своего рода изобилие и одаренность»[2] некоего божества. «Харис» можно было получить свободно и незаслуженно, просто как подарок. Что-то, что уже и так было хорошим, могло с помощью «харис» быть улучшено. Такая форма «благодати» выражалась через изящество, красоту и привлекательность: божества могли сделать свой земной облик более достойным. Одновременно играла роль внутренняя связь слова «харис» со словом «хара» («chara») – радость, т.е. благодать должна была быть связана с тем, что приносит радость. Греки почитали красоту и изящество за высшее счастье. Ничто так не переполняет сердце, как нечто красивое, полученное неожиданно и незаслуженно. Однако «харис» божеств имела непостоянный характер и была довольно хрупкой. Божества могли одарить ею смертных только на ограниченный период времени, и ее красота угасала иногда еще при жизни, самое позднее вместе со смертью. Реакция людей на желанную божественную «харис» (благодать) в свою очередь тоже называлась «харис». Так что это понятие включало в себя и ответ, который мы можем описать словом «благодарность». Подводя итог, можно сказать, что значение слова

---

2 *Рот, Улли. Учение о благодати. / Улли Рот. – Падеборн, 2013. – С. 197*

«*харис*» в греческом контексте времени Нового Завета означало одновременно изящество, красоту, подарок, милость и благодарность.

1.3 Благодать в Евангелиях

Как в дальнейшем станет понятно, слово «благодать» охватывает в Новом завете нечто большее, чем выше перечисленные значения. И даже если составители (в частности, Павел) не изобрели это определение, выглядит так, что они переопределили его заново, более истинно.

В Новом Завете понятие «*благодать*» («*харис*») наиболее часто встречается в письмах Павла и Писаниях его круга влияния (Лука, Деяния апостолов), и в меньшей степени в Евангелиях: Иисус говорит чаще всего о милосердии. Однако Божья благодать проявляется в Его притчах и действиях видимо и ощутимо. Самым известным примером служит история о женщине, уличенной в прелюбодеянии из Евангелия от Иоанна (8:3-11).

В этом отрывке рассказывается о женщине, пойманной на месте совершения прелюбодеяния. Книжники привели ее к Иисусу, чтобы Он вынес ей приговор. Этим требованием вердикта они надеялись получить идеальную возможность для обвинения Иисуса, который был известен своим милостивым отношением к грешникам. Книжники были убеждены, что Его милосердие заставит Его противостать Торе, согласно которой прелюбодей или прелюбодейка должны быть преданы смерти (Левит 20:10). Однако в этой сцене отсутствует второй виновник, чье наличие необходимо для совершения прелюбодеяния. Иисус видит их коварство и не отвечает на их однозначное требование: Он не идет против Торы, чтобы освободить женщину, но и не выносит приговор прелюбодейке. Вместо этого Он выбирает третий путь. Он призывает зрителей к самоанализу, говоря Свои знаменитые слова: «кто из вас без греха, первый брось на неё камень» (Ин. 8:7). Такого рода конфронтация приводит присутствующих к пониманию того, что они виновны и, в принципе, любой может оказаться на месте женщины, как обвиняемый. С этим осознанием окружающие покидают место событий. Сначала уходят старцы, которые, вероятно, мудрее и прозорливее, потом и все остальные. Такого рода действие равносильно признанию вины. Отец церкви Августин удачно подвел итог этому повествованию: «Остались лишь двое: взывающая к милосердию и милосердие».[3] В конце Иисус осуждает женщину столь же мало, как и других виновных. Он даже не призывает ее к покаянию, что доставляло в истории церкви сложности некоторым верующим. Она лишь должна в будущем вести праведную жизнь.

В этом рассказе евангелиста Иоанна проявляются милосердие и благодать Иисуса. При этом в центре его милостивого поступка оказывается не только женщина: Иисус удерживает окружавших ее людей от злого поступка, не осуждая их за их вину. Он подводит их к тому, чтобы они задумались о своей собственной жизни и своих делах, таким образом оказывая им Свою милость.

Наибольшее впечатление на меня в этой истории произвело то, как поступил Иисус. На мой взгляд — это образец поведения, достойный подражания. В отличии от большинства людей Иисус не воспользовался виной этих людей, чтобы сделать их Себе послушными. Он также не вынес никаких поспешных приговоров. Именно в этом пункте я часто терпел в прошлом неудачи. Всякий раз, когда, на мой взгляд, все факты были явными, я неоднократно поддавался искушению преждевременно сообщить о своих заключениях всем, кто имел к этому отношение. Иисус, каким Он описан в Евангелиях, вместо этого останавливается и дает себе время, чтобы поразмыслить, оценив ситуацию. Его суд не является ни предвзятым, ни беспристрастным. Он заинтересован во всех участниках событий. Здесь мы можем лишь учиться у Иисуса. Нам, в любом случае, не достичь полной объективности, потому что невозможно быть совершенно нейтральным. Однако, по крайней мере, можно вести себя как Иисус и поставить себя в положение всех вовлеченных.

---

3 Августин. Святые отцы Церкви. Августин Аврелий. Рассуждения об Евангелии от Иоанна. [«Misericordia et misera»]/Аврелий Августин. – Рассуждения 1-23; Библиотека отцов Церкви. – Кемптен, 1913.

1.4 Благодать по Павлу

Благодать Божья играет как в жизни, так и в Посланиях апостола Павла значительную роль. В годы, предшествующие его обращению, он верил, что ценность себе он может придать своими достижениями. Такого рода мышление, возможно, не чуждо и нам. Ранее известный как Савл Тарсянин, он стал гонителем христиан ревностно желая признания Божьего. Он не замечал, что желание выделиться перед Богом Израиля превращало его в Его врага. Когда Иисус позвал его по имени (Деян. 9:4), он осознал, что делал. Но наказания за его поступки не последовало. Вместо этого он был призван к апостольству, так что и сам сделал вывод: «Ибо я наименьший из Апостолов, и недостоин называться Апостолом, потому что гнал церковь Божию. Но *благодатию Божиею* есмь то, что есмь...» (1 Кор. 15:9-10).

Павел лично и глубоко пережил Божью благодать. Его преображение из законопослушного иудея и выученного книжника в апостола и самого значительного теолога особенно раскрывается в понимании благодати.

«*Харис*», как это представлено Павлом, означает нечто большее, чем форма милосердия, как мы это увидим в дальнейшем. Павел настолько пленен Божьим действием на него и людей, в целом, что включает не только свою историю (Рим. 1:5; 1 Кор. 15:10; Гал. 1:15; 1 Тим. 1:13), но и все предназначение человечества в термин благодати (Рим. 3:21-24). «Все», в заблудшем и отделенном от Бога творении, получают доступ к Богу посредством Его уникального акта благодати на Кресте. В Иисусе нам открылась и была дана Божья благодать. Он принес ее в наш мир, сохранил и подарил. Поэтому Павел вновь и вновь называет «*харис*» благодатью Иисуса Христа (напр. 1 Фес. 5:28, 2 Кор. 8:9; 13:13).

Теперь я хотел бы остановиться на отдельных аспектах действия Божьей благодати, описанных Павлом.

ИСТИННОЕ ПРЕДНАЗНАЧЕНИЕ ЧЕЛОВЕКА

Конечной целью действия Божьей благодати в нас, людях, являетсяся наше истинное предназначение. На мой взгляд, это призвание в
первую очередь заключается в любви. Для кого-то такое определение может показаться слишком коротким или слишком простым.
Однако в дальнейшем я хотел бы обосновать, почему так считаю:
человек создан по подобию Божию (Быт. 1:26; 5:1; 9:6; Кол. 3:10;
Иак. 3:9). И это подобие не просто некое качество, которое есть у
каждого, но своего рода предназначение. С самого начала для человека предполагалось, и было возможным, ходить в Божьей любви и жить в ее полноте с ближними и с творением. Этот потенциал
был заложен в людей, и каждый из нас обладает им в определенной
степени и по сей день. Правда, в прошлом в христианстве бытовало мнение, что подобие Богу заключается во власти над творением
(Быт. 1:26)[4]. Не исключено, что и сегодня многие придерживаются
той же точки зрения. Но если мы внимательно рассмотрим Библию,
то увидим, что поручение владычествовать – скорее следствие, *вытекающее* из подобия и образа. Это не означает, что образ и подобие Божьи *совпадают* с поручением владычествовать. Скорее поручение владычествовать нужно рассматривать исходя из образа и
подобия Божьего.

Человекам предназначено владычествовать подобно тому, как
это совершает Отец Небесный. Бог и Его Сын Иисус Христос являются Творцом и Вседержителем (Кол. 1:17), а не угнетателем и поработителем. Поэтому предназначение человека на Земле заключается в
том, чтобы передавать далее Божью любовь. К тому же поручением
для человека было не только владычество. В книге Бытие 2:15 написано, что Бог поселил человека в Едемском саду и поручил ему
возделывать его и охранять, беречь и заботиться. Однако это пору-

---

4 *В то время как внебиблейская традиция царствования основывается на
том, что царь и есть «божественный образ» благодаря занимаемому им посту, в библейском повествовании о творении это достоинство и поручение дается всем людям без различия. Такое представление совершенно «демократично»: не на основании особенных достижений или поручений, но все человеческие
существа – царственные образы Бога.*

чение удается человеку, к сожалению, лишь отчасти. Люди, познавшие свое предназначение, относятся к творению иначе. Неспроста у немецкого народа существует пословица: «Покаяние крестьянина заметит и скотина в хлеву». К сожалению, свободные церкви Германии как-то эту тему упустили из виду.

Я очень хочу, чтобы мы открыли для себя заново нашу ответственность и роль друзей творения. Одно несомненно – наше предназначение как подобия и образа Божьего состоит в любви к людям и в той же мере в заботе о мире, в котором мы живем.

Отделение от Бога и потеря цели

Противление человека Богу вторгается в благой Божий план всего творения. Я бы хотел ближе рассмотреть эту взаимосвязь:

Создатель заповедал Адаму и Еве в Едемском саду не вкушать от дерева познания добра и зла. В этом запрете Бог назвал также и последствия, которые ожидают человека в случае нарушения: «смертью умрешь» (Быт. 2:17). При этом Он не хотел лишать их познания добра и зла, но хотел их сохранить как от отделения от их Создателя, так и от смерти. В отличие от животных Бог создал человека как Своего партнера, с которым Он впредь желал отношений. Чтобы подлинные отношения и любовь стали возможными, Он должен был дать людям свободу выбора. А поскольку свобода требует осмысленных границ, чтобы жизнь и любовь в свою очередь стали возможными и сохранились, Бог должен был дать Адаму и Еве благую заповедь. При этом у человека был выбор сказать «нет» этой заповеди. Однако такое «нет» означало «нет» и Тому, Кто поставил границы, то есть Богу; «нет» Богу было «нет» жизни, которую Он дал.

Нам известен результат происшедшего: вопреки всему первые люди пошли против благого ограничения Божьего и ослушались. Однако смерть, о которой их предупреждал Создатель, наступила не мгновенно после грехопадения. Бог не говорил им, ни того, что смерть придет тогда-то, ни того, что нарушив Его ограничения они станут смертными. И это не было Божьим упущением. Используемая здесь древнееврейская формулировка, типична для предупреждений в пророческих и повествовательных текстах (1 Цар. 14:39, 3 Цар. 2:37,

4 Цар. 1:4). Параллельный отрывок в третьем Царств 2:36-46 демонстрирует значение выражения. Приговор вынесен, его исполнение неизбежно, даже если оно произойдет не в тот же день. Смерть неотвратима, хотя не наступает тотчас. Смерть обрела «жало» (1 Кор. 15:55) к смерти тленного. Естественная смерть, наступившая не сразу, была отравлена ядом отвержения человеком Божьего ограничения и привела ко «второй смерти» (Откр. 2:11, 20:14), каковой является вечное отделение от Бога (Откр. 20:6).

Змей был активным участником в этом судьбоносном падении человека. Он подвел Адама и Еву к этому шагу (Быт. 3:1-6). В разговоре с первой женщиной он сначала представил Божью заповедь как чрезмерное предписание, будто бы Бог сказал, что нельзя есть *никаких* плодов в саду. Его озабоченность лежит на поверхности: он хотел поставить Божью границу под сомнение. Хотя Ева и сослалась на Божье предписание, она начала диалог со змеем и засомневалась в безупречности Создателя. Согласно обоснованию змея причиной запрета была зависть Бога, который якобы не желал, чтобы человек стал Ему равным. В конце концов, змей достиг своей цели: Адам и Ева окончательно усомнились в благости Бога и нарушили первую заповедь, вкусив плода.

Это была первая попытка человека стать равным Богу. С тех пор он не оставил этого стремления и до сего дня. Современные люди, по-прежнему, мечтают о том, чтобы быть своим собственным господином. Человек пытается жить автономно и стремится к самодостаточности. Не во всех отношениях это плохо. Я считаю, что мы, как творения, ограничены в нашей мудрости, и что есть Тот, Кто может направить нашу жизнь в доброе русло, которое мы не в силах распознать. Насколько человек стремится к неограниченной независимости, настолько же он жаждет бессмертия. У меня сложилось впечатление, что это желание в последние годы еще более возросло в Западном обществе. Смерть вытесняется из жизни, а целые отрасли промышленности наживаются на этом отрицании. Тем временем научно-исследовательские концерны и компании интернет-технологий весьма интересуются этой темой и ищут способ сделать человека равным Богу, стремясь отодвинуть время смерти человека как можно дальше.

Таким образом с нарушением Божьей благой заповеди произошло отчуждение человека, последствия чего сказываются и сегодня. Человек живет во грехе, отделенности и независимости от Бога, вместо отношений с Ним. Такое существование не было предусмотрено от начала. В нем отсутствует первоначальная цель и истинное предназначение, которые были у Бога для человека. Таким образом, жизнь во грехе означает не просто совершение человеком преступлений, даже если в нашей речи это так выглядит.[5] Слово «грех» часто ошибочно приравнивается к слову «вина». В Библейском понимании под грехом следует понимать не просто вину или мятеж против Бога, приводящие к должным последствиям. Значение «греха» гораздо объемнее, за этим стоит полная *потеря цели*. Человек упускает цель и предназначение, задуманные для него Богом. Почему же так важно это различие? Указывая на грех, Бог не хочет нас упрекать в том, что мы снова и снова ошибаемся и должны, в конце концов, прилагать усилия, чтобы делать все правильно. Он хочет нам сказать: «Дети мои, вы упускаете подлинную цель, для которой Я вас создал. И эта цель – любовь».

Последствия отделения

В послании Римлянам апостол Павел подробно объясняет, что потеря цели одним человеком влечет за собой последствия для всего человечества. Становится понятно, вследствие чего все человечество впало в грех (Рим. 5:12):

«Посему, как одним человеком грех вошёл в мир, и грехом – смерть, так и смерть перешла во всех человеков, потому что в нём все согрешили».

Формулируя таким образом, Павел имеет ввиду не греховные поступки каждого отдельного индивидуума, которые он когда-либо совершит. Он говорит о действии, завершенном в прошлом. Через

---

5   *Когда говорят о предосудительных проступках человека, часто используют слово «грех».*

грех первого человека грешниками стали все. В следующем отрывке Павел подтверждает эту мысль (Рим. 5:13-19). Особенно явно он это озвучивает в 18-м стихе: «...преступлением одного – всем человекам осуждение...».

Грех, о котором здесь говорит Павел, не стоит воспринимать как своего рода субстанцию, которую наследуют все потомки человека. Его следует воспринимать скорее как силу, которая правит внутри человека и оттуда распространяет яд. Эта сила сохраняет вызванное первым грехом Адама и Евы состояние отчуждения от Бога, в котором рождается каждый человек. Из-за чего в глазах Бога все люди прежде всего отделены от Него и являются грешниками. Естественно, они остаются Его творениями, которые Он любит и к которым стремится. Но они еще не Божьи дети, потому что живут обособленно от Него.

Грех является причиной человеческих раздоров, разногласий, несправедливости и равнодушия. Все эти негативные последствия сопровождают человечество издавна. Несмотря на все образование, весь прогресс и все научные знания, ни одно поколение не смогло искоренить эту власть в мире. Достаточно одного взгляда на ежедневную прессу или новости, чтобы увидеть: власть греха – это реальность, с которой мы сталкиваемся в этом мире снова и снова. Это состояние, в котором человечество пребывает и сейчас, обладает разрушительной силой не только для жизни на Земле. Как уже говорилось грех также значительно влияет на смерть, которая тем самым получила дополнительное жало (1 Кор. 15:55). Человек продолжает оставаться отделенным от Бога и после земной смерти.

Искупление по благодати

В этой выглядящей безнадежно дилемме Бог создал выход. Он повернулся к своим созданиям по-новому и послал Своего Сына, чтобы устранить эту преграду. Иисус из Назарета стал человеком, чтобы сокрушить власть греха. Его смертью на Кресте человечеству дарована благодать, которую можно испытать. Она встречается в посланиях Павла как сила, преобладающая над грехом, и хочет быть проявлена приносящей спасение всем людям (Рим. 5:15,

Тит. 2:11). Соответственно, действие Божьей благодати не ограничено временем этой жизни или прошлым, как это было в языческом окружении Павла. Напротив: она производит вечную жизнь уже в настоящем (Тит. 3:7). Чтобы эта благодать могла стать реальностью в жизни человека, необходимо обращение человека к жизни с Богом (Мф. 3:2). В наших (пятидесятнических) кругах мы говорим о покаянии, когда речь заходит о таком обращении. Иисус Христос становится действенным в жизни человека и в его изменяющейся жизненной реальности. Покаявшийся (обращенный) идет теперь иным путем своей жизни. Он ведет себя уже не так, как прежде. Он не стал бы этого делать по собственной инициативе, однако он находится в близких отношениях с живым Богом, и его собственные цели и образ мышления изменяются – «обращаются». Следствием покаяния (обращения) становится рождение свыше (Ин. 3:3-7). Его можно представить как вторую сторону монеты, где одна сторона – покаяние, а другая – рождение свыше. У христианина теперь фактически новая жизнь. В Библии верующие также названы «новым творением» (Гал. 6:15; 2 Кор. 5:17). Конечно, все это не делает человека безгрешным и достигшим цели. И хотя он еще не находится в своем окончательном облике (1 Ин. 3:2), он уже не подвержен власти греха (Рим. 8:9). Юлиус Шнивинд выразил это следующей игрой слов: «Христианин еще не совершенное дитя Бога, но он совершенно Божье дитя».[6]

Эта благодать по своей сути вдоль и поперек безусловна. Ее невозможно ни заслужить, ни заработать (Рим. 3:24; 4:4; 11:6; Тит. 3:5). Суверенный и всемогущий Бог дает ее людям как свободный дар (Еф. 2:8-9):

Ибо благодатью вы спасены через веру, и сие не от вас, Божий дар: не от дел, чтобы никто не хвалился.

Если лично ты еще не принял этот дар благодати, я могу тебе лишь посоветовать принять его. Если же ты, как большинство читателей

---

6 *Шнивинд, Юлиус. Библейское слово о покаянии. / Юлиус Шнивинд. – Берлин, 1971. – С. 22*

этой книги, уже принял Божью благодать, то надеюсь, что моими наблюдениями я смог дать тебе хороший обзор важности этого дара.

1.5 Вывод

Итак, можно сказать, что благодать представляет собой любящее и свободное обращение Бога к человечеству. Хотя Он ничего нам не должен и никоим образом от нас не зависит. Однако Он хочет идти вместе с людьми Его путем и быть рядом с ними. Его благодать неиссякаема и не имеет временных рамок. Это проявление дара Божьей милости, которое меняет наше человеческое настоящее и будущее, и есть благодать в подлинном новозаветном смысле.

Я хотел бы привести пример нашей семьи: мы с моей женой Ирене несколько лет назад приняли решение принять в свою семью одного молодого человека. Не он этого добивался, а мы приняли решение, так же, как и он. Теперь он часть нашей семьи. Его дети – наши внуки, и они также любимы как и наши собственные, с ними мы ведем себя также, хотя они явно другого происхождения. То же самое с нами, как детьми Бога: мы становимся без нашего участия сонаследниками Христу. Он нас любит и принимает. Так мы можем наслаждаться Божьей благодатью.

Это всего лишь вводное, хотя и существенное значение благодати. Представленное открывает далеко не весь спектр значения благодати по Новому завету. Но в последующих главах книги шаг за шагом я буду освещать дальнейшие аспекты библейской концепции понятия «благодать», чтобы она становилась все более понятной.

? Вопросы для личного размышления.

1. Благодать больше, чем какая-то из форм милосердия. Каким значением ты наполнял в прошлом слово «благодать»?

2. Благодать безусловна, но ее невозможно навязать. Чтобы она стала реальной в нашей жизни, ее необходимо принять. Ты уже принял благодать?

3. Говорилось, что истинное предназначение человека ходить в Божьей любви, распространяя ее как на других людей, так и творение.
Каким образом это предназначение проявляется в твоей жизни?

2 Благодать всеобъемлющая

2.1 Пусть Моей благодати будет достаточно для тебя

Благодать, которую нам дарит Бог и которая делает нас новым творением в Иисусе Христе и Божьими детьми, – не просто пассивный статус, которым мы теперь обладаем. Она действует в верующих. Павел описывает нам, что она проявилась в его жизни могущественно как сила, дающая способности.

Во втором послании Коринфянам (12:9) записан очень известный стих, который часто используют для утешения, когда человек находится в фазе немощи и слабости. При цитировании стиха легко теряется из виду, о какой собственно силе речь:

Но Господь сказал мне: «довольно для тебя благодати Моей, ибо сила Моя совершается в немощи». И потому я гораздо охотнее буду хвалиться своими немощами, чтобы обитала во мне сила Христова.

Как и в истории Иова, Бог оставил врагу какое-то пространство в жизни Павла. Нападения, которым подвергся апостол, приводили к мучениям и боли. Есть различные гипотезы, из чего могло состоять это страдание, однако ни одна из них не является точной. Павел трижды просил Господа избавить его от страданий. Бог услышал его молитву и ответил ему. Однако Он не исполнил того, о чем просил апостол. Вместо этого Он дал ему понять, что эти нападения будут продолжаться, и Павлу не нужно ничего кроме Его благодати.

Божья благодать была всем, что было необходимо Павлу в его ситуации. Он не нуждался ни в чем дополнительно, благодать являет свою силу, когда все человеческие средства исчерпаны. И более того: Она *совершается* в человеческой слабости. На тех этапах, когда мы твердо осознаем, что нам не хватает сил и способностей, чтобы выполнить жизненные требования, Божья благодать особенно проявляется как всепреодолевающая сила. Это осознание привело Павла к решению, в будущем признать свою слабость и немощь, чтобы, например, обрести больше силы из Божьей благодати. Он отворачивается от своей немощи в сторону Божьих возможностей. В этом отношении апостол может служить для нас примером. Наши собственные неспособности приводят нас часто к тому, что мы заняты тем, что не можем, вместо того, чтобы заняться чем-то более значительным. Божья благодать помогает нам поменять наш фокус и повернуться к более важному.

Я хотел бы привести свой собственный пример. Многие годы я страдаю от различных аллергий. Несмотря на продолжительные посты и молитвы я не исцелен от моих страданий. Меня часто просят остаться после проповеди, чтобы помолиться с людьми, возложить на них руки и благословить их. При этом я переживаю снова и снова, как некоторые больные получают исцеление после моих молитв. Тогда как я сам до сих пор не получил облегчения моим недугам. Вероятно все так и останется, потому что у меня аллергическая реакция на растительность европейской зоны. С тех пор как мои предки покинули триста лет назад Германию, моя иммунная система, вероятно, не может приспособиться к местному растительному миру.

Раньше я часто сомневался, а не лучше ли перестать молиться за больных. Не должен ли я сначала сам выздороветь, и уже потом начинать с другими? К тому же в прошлом довольно часто люди, у которых я не спрашивал совета, предполагали, что в моей жизни что-то не в порядке. Например, скрытый грех в личной жизни мог бы быть причиной того, что я так и не был освобожден от страданий. Такая форма советов была для меня своего рода ударами.

Между тем я твердо убежден, что Бог не позволяет нам указывать, как Ему поступать. Он действует суверенно, и особенно на этапе личной немощи и через него. Хотя мы в такие времена любим задавать вопрос «почему». С моей точки зрения такое выявление причин малоэффективно, и даже отбрасывает нас назад. Человек ищет виновных и объяснений. Более подходящим в таких ситуациях мне кажется вопрос «зачем», потому что проблемы и испытания имеют смысл и могут нам послужить. Поэтому вопрос «зачем» направлен вперед и устремлен к цели. В послании Иакова 1:2-4 нам объясняется для чего нужны подобные испытания. Они происходят для нашего личного роста и зрелости.

Слова Павла во 2-м послании Коринфянам 12:9 научили меня, не превращать мои чувства в мерило всех вещей, потому что они не всегда полезны, когда речь о силе и благодати Божьей. Наши эмоции реальны, но они могут направить нас по ложному пути, поскольку являются продуктом нашего жизненного опыта и наших мыслей. Если мы меняем наше мышление и приобретаем новый опыт, меняются и чувства.

Но как это может произойти? Как люди, мы склонны смотреть на наше собственное состояние. Мы задаем себе вопрос, достойны ли мы вообще служить Богу. Если мы при этом рассматриваем наши слабости и недостатки вместо того, чтобы смотреть на Иисуса Христа, то, вероятно, мы будем себя чувствовать недостаточно хорошими. Но это не может быть причиной для того, чтобы не идти служить нашему Господу, потому что именно в нашей личной несостоятельности проявляется Божья благодать. Было бы ошибкой отступать, опираясь на собственное негативное восприятие себя. Мы видим во множестве мест Нового Завета, что оснащение способностями и возможностями следует, когда Бог кого-то наполняет Своим Святым Духом и посылает (напр. Деян. 2:1-4).

2.2 По благодати Божьей я есть тот, кто я есть.

Давайте еще раз посмотрим на место из Писания 1 Кор. 15:10, на которое я ссылался в первой главе. При ближайшем рассмотрении становится яснее, что апостол Павел понимает благодать как всеобъемлющую силу. Он писал:

Но благодатию Божиею есмь то, что есмь; и благодать Его во мне не была тщетна, но я более всех их потрудился: не я, впрочем, а благодать Божия, которая со мною.

Здесь Павел вновь вынужден признать, что он не может похвалить себя за свое развитие, хотя он и более, чем другие апостолы старался и всецело трудился для своего Господа. В своем служении он путешествовал по миру и проповедовал весть о Царстве Божьем многим своим современникам. Он насаждал новые общины, улаживал конфликты, учил, утешал и поддерживал многих сестер и братьев по вере. Невозможно отрицать его влияние на раннее христианство. Сегодня историки говорят, что он будучи первым богословом оказал значительное влияние на европейскую историю духовной культуры. Но сам Павел подчеркивал, что не он ответственен за свои великие дела, но Божья благодать, которая была с ним. Всеобъемлющая сила, которая привела его к таким результатам, была не его собственной, но действием Божьей благодати. Павел был твердо убежден, что он не мог пойти этим путем, исходя из собственных соображений, и тем более успешно следовать по нему. В глазах апостола даже его биография не была столь решающим основанием, чтобы ему стать такой влиятельной личностью. Он пишет в Гал. 1:15, что и его призвание обусловленно исключительно Божьей благодатью (см. 2 Кор. 3:5). Только так смог он пройти путь от убежденного преследователя христиан к последователю Христа и совершать благотворное служение.

Часто и я думал о моем служении и понимал, сколь много обязан Божьей благодати, и насколько мало мои изначальные предпосылки располагали к тому, чтобы Божий план для меня стал реальностью. Я родился в маленьком местечке в Казахстане и рос в семье с одиннадцатью детьми. У моей мамы было шестнадцать беременностей, из которых две закончились преждевременно. Трое детей умерли во младенчестве. Такой медицинской помощи, как сегодня, тогда не было. Мои родители не были богаты, к тому же, как у немцев в Советском Союзе, у них не было возможности получить полноценное образование. В целом их жизнь протекала чрезвычайно трудно и тяжело. Мой отец был богобоязненным человеком и проповедником, что, хотя и принесло мне много благословений в моей юности, создавало немало трудностей в детстве. Вера в Бога противоречила государственной коммунистической идеологии и вела к тому, что над христианами в Советском Союзе издевались, отвергали, обращались жестоко и убивали. В детстве мы с моими братьями и сестрами неоднократно подвергались в школе унижениям. Учителя настраивали других школьников против нас, оскорбляли нас перед всем классом или запугивали разными способами.

Дискриминацию, которой я подвергался в детстве, было не так уж и легко переработать. Не раз случалось, что я должен был защищать себя или даже сражаться за других. Одно было хорошо, я научился быть мужественным и заступаться за слабых.

Конечно, не все в моем воспитании мой отец делал правильно. Но я ему благодарен за очень многое – прежде всего за то, что он научил меня любить Бога и держаться Священного Писания. Я много читал Библию и довольно рано отдал свою жизнь Христу. К тому же гонения за мою веру продолжались и в более взрослом возрасте. Хотя я не изучал апологетику[2] как научную дисциплину, я был своего рода защитником христианского учения. Я читал различные произведения по философии и с удовольствием разговаривал о вере на интеллектуальном уровне. Во время моего профессионального обучения я познакомился с молодым человеком, которому много рассказывал об Иисусе. Он открылся Богу и христианскому вероучению. Вскоре его призвали в ряды Красной Армии, и там, к сожалению, он был убит другими солдатами за его христианское вероисповедание. Ему выкололи глаза, отрезали язык и повесили. Это те воспоминания, которые причиняют мне много боли до сих пор.

После получения мною диплома мехатроника и я был призван в ряды Красной Армии. На призывной комиссии офицеры заметили, что я не был комсомольцем, и тут же произошло столкновение. Мой ответ на их «почему» был прост, я тут же ответил, что я христианин. На что они отреагировали, что в Армии из меня эту веру выбьют. Однако их угроза все-таки не была исполнена. Хотя ко мне постоянно критично присматривались, и мне приходилось периодически выслушивать «инструктаж», через два года я покинул ряды Красной Армии без особых враждебных столкновений. Однако то

---

2 *«Апологетикой считается защита истин христианского вероучения».
– Гаук, Фридрих, Швинге, Герхард. Богословский словарь специальных и иностранных слов. / Фридрих Гаук и Герхард Швинге. – Геттинген, – 2005. – С. 21*

давление, которое я, как убежденный христианин, испытал в рядах вооруженных сил, тяготило меня.

С моей женой и нашими шестью детьми мы переехали в Германию в ноябре 1988 года. Это был большой шаг для нашей семьи. Мы прибыли фактически с пустыми руками. Мало что можно было бы взять с собой из Казахстана. На чужом месте мы должны были выучить новый язык и сродниться с чужой культурой. Социальное положение немцев в Советском Союзе было совершенно иным, чем здесь, поэтому требовалось время на то, чтобы мы были внутренне приняты. Несмотря на мои усилия стать частью местного населения, для многих из них я оставался иностранцем и скорее всего так остался им для некоторых и до сего дня.

В конце 90-х годов я ответил на давний призыв Бога стать пастором, от которого я до этого постоянно уклонялся, и начал параллельно к основной профессиональной деятельности получать богословское образование. Из-за моих личных страхов мне вообще не приходило в голову пойти на церковную службу, однако у Бога очевидно были другие планы. Мое первое место пастора, которое я получил в 2000 году в церкви города Нинбург на Везере, состоявшей из 33 членов, вряд ли можно было назвать надежной и прибыльной работой. Церковь обслуживала себя самостоятельно, не имея каких-либо больших притоков денежных средств извне. Для меня, как отца шестерых детей, такой шаг был более чем рискованным. Но Бог вознаграждает людей, которые делают шаг в неизвестность, доверяя Ему. Потому Авраама часто и называют героем веры. Что же было отличительной чертой его героического поступка? Его героизм был в том, что он, доверяя Богу, отправился в неизвестность (Евр. 11:8). Бог показал Свою верность мне, так же, как и Аврааму. До сих пор я оглядываюсь с удовольствием на благословенное время в Нинбурге. В 2009 году я перешел на служение в большую церковную общину в Ганновере, административном центре земли Нижняя Саксония.

Через двенадцать лет пасторского служения на 117-й конференции Союза в 2012 году я был избран начальствующим епископом Союза свободных пятидесятнических церквей Германии (BFP). То, что звучит столь торжественно, больше походило на фиаско. Я не набрал и 52 % голосов на общем собрании пасторов и руководителей отдельных церковных общин. Это не было похоже на четкий мандат полномочий. Мои ощущения и здравый смысл советовали мне отказаться, потому что результат нельзя было назвать однозначным согласием собрания с моим призванием. Но мои ценности приучили меня слушаться совета моего лидера. Наш предыдущий начальствующий епископ Ингольф Эллссель сказал мне, что у него есть внутреннее откровение, что я должен принять этот пост. Бог благословит время служения. То же самое сказали братья из прежнего руководства. Так я принял этот пост. Служение начальствующего епископа стало для меня вызовом. Начало служения осложнялось плохим результатом голосования. Но новое руководство объединилось вокруг меня и стало сильной опорой мне. После того, как я с моей сильной командой завершил мои первые пять лет служения начальствующим епископом, осенью 2017 года я был выбран общим собранием снова. В этот раз я получил четкий мандат полномочий от моих братьев и сестер. Когда я, будучи юным баптистом, за тридцать пять лет до этого события впервые вошел в пятидесятническую церковь, то не мог себе и представить, какой путь приготовил для меня Господь в будущем.

Почему же я об этом пишу? Я совершенно не собираюсь как-то выделять мою личность или жизненный путь. Но, как я уже ранее сказал, я лишь хочу подчеркнуть, что Божья благодать преизбыточествовала в моей жизни. Я могу согласиться с Павлом, что «по благодати Божьей я есть тот, кто я есть»[3]. Шансы стать в этой стране влиятельной личностью, были у меня явно невелики с самого начала моей жизни. Мои родители пережили голод и лишение свободы. Они не учили меня мечтать о чем-то великом или подобном. Но у меня с детства было ощущение, что Бог со мной всегда рядом.

---

3   «...благодатию Божиею есмь то, что есмь». Библия. Новый Завет. 1-е послание Коринфянам 15:10. Синодальный перевод 1876 года. В тексте использован Новый русский перевод, выполненный Международным Библейским Обществом (International Bible Society) в 2006 году (Прим. переводчика).

Я знал, что если буду действовать в согласии с Его Волей, меня ждет успех. И это неоднократно подтверждалось в моей жизни.

Я считаю, что наши биографии играют только определенную роль, когда речь о том, чтобы быть полезным Богу. Его благодать в состоянии снабдить нас способностями, необходимыми для призвания и предназначения, задуманного Им для нас. Мы не можем выбрать все обстоятельства нашей жизни. За многое мы сами ответственны. Но есть то, что случается внепланово. Иногда мы не можем предотвратить происходящее с нами, но мы можем повлиять на происходящее внутри нас.

Если мы смотрим на наши резюме, что сегодня является обычной практикой, то можем довольно быстро поставить под сомнение нашу пригодность. Я не советую этого делать. Не всегда имеет смысл рассматривать свое прошлое. Другой ошибкой, которую мы часто совершаем, является сравнение себя с другими. Философу Сёрену Кьеркегору принадлежит известная цитата: «Источник наших бед – это сравнение». На таланты и достижения других людей полезно иногда смотреть, чтобы себя направлять правильно. Но мы чаще всего стремимся сравнивать яблоки с грушами. Как человеческие существа мы не можем в точности разобраться в реальной жизни, происхождении, социальном положении, ресурсах других людей. Потому наши сравнения не могут быть достаточно хорошими. Каждый из нас – уникум со своей собственной историей. Поэтому простое сопоставление не имеет смысла, особенно, если мы начинаем давать оценки. Лучше это предоставить Тому, Кто в состоянии заглянуть во все уголки и повороты нашего становления и настоящей жизни. Сравнения порождают конкуренцию и соперническое мышление. В гонке за лаврами всегда встретятся мнимые неудачники. А ведь люди при этом не хуже и не лучше, просто отличаются.

Библия говорит очень понятно о том, что перед Богом все люди равны (2 Пар. 19:7; Рим. 2:11; Иак. 2:1-9). Эти утверждения стоят в судебном контексте, и из него видно, что Создатель в своей оценке людей, не делает отличий. Наша судебная система хвалится тем, что судит также. Древнеримская богиня Юстиция служит символом справедливости, и ее изображение украшает многие ратуши и немецкие залы судебных заседаний. Ее глаза завязаны, в ее руке весы. Наша правовая система слепа подобно ей, если речь о личности. Но в то время, как Юстиция судит о голых фактах, Бог смотрит глубже: «...человек смотрит на лицо, а Господь смотрит на сердце» (1 Цар. 16:7). Создатель учитывает все детали нашей жизни и нашей души. В Божьих глазах мы не только все одинаково ценны и любимы, но и можем рассчитывать на то, что Его суд всегда будет справедливым. В то же время мы можем надеяться, что Он приготовил для нас лишь благое. Он не хочет нас «сравнять с землей», но выровнять. Его благодать безусловна, но не остается без последствий.

В жизни одних благодать более заметна, чем у других, кажется, что одни принимают ее больше, чем другие. Причины к этому могут быть разными, но я знаю, что так или иначе это связано с верой позволить себе что-то. Лично мне в прошлом было очень трудно принимать подарки. По какой-то причине я был уверен, что мне придется их вернуть или компенсировать подобным. Свой образ мышления в области межличностных отношений я переносил и в отношении веры: мне было трудно принять Божью благодать как подарок со всем ее влиянием. Возможно, тот или другой читатель узнает свои чувства.

Думаю, что маленькие дети могут указать нам путь в этом: на праздновании Рождества в нашей семье я с удовольствием наблюдаю за нашими внуками. Часто они знают заранее, что получат. Однако, когда они получают желанные подарки, их глаза полны восхищения, и они принимают их без оглядки. Я научился также в моей духовной жизни уподобляться ребенку (Мф. 18:3) и принимать Божью благодать.

Божьей благодати достаточно для каждого человека, но есть значительное количество верующих, которые не позволяют ей быть действенной. Я убежден, что божественная всеобъемлющая сила не может полностью раскрыться в жизни человека, пока он остается в пассивном состоянии. От нас зависит, войдем ли мы в Божью благодать и дадим ли себя обнять. Как это возможно, я объясню в следующей главе.

1. Божья благодать не остается в нас бездейственной, но прошлое легко забывается. Где и как Божья благодать повлияла на твою жизнь?

2. Пришла ли Божья всеобъемлющая благодать в действие в твоей жизни? Если нет, что могло бы быть причиной этого?

3. Прочтите 2-е послание Тимофею 2:1. Может ли призыв Павла к своему ученику быть обращен к тебе?

Часть 2: Принимая Божью благодать

3 Масштаб благодати

На момент написания этой книги моей основной деятельностью является руководство Пятидесятническим движением в Германии. В повестку моего дня в том числе входят посещения различных общин, богословских образовательных учреждений в Германии и других странах. Я поддерживаю и консультирую руководителей и общины по различным вопросам и процессам. Спектр моих заданий довольно широк. Часто я чувствую себя очень загруженным, но, в целом, принимаю с благодарностью из Божьих рук этот отрезок жизни. Поскольку служение начальствующим епископом ограничено по времени, мне часто задают вопрос о моих планах на будущее.

К сожалению, я не могу ответить на этот вопрос, что удивляет моих собеседников. На мой взгляд это решение не зависит исключительно от меня. Ведь то, что мне нравится поприще, на котором я тружусь, или что я приобрел уже некий опыт в чем-то, не означает, что Бог мне дает необходимую благодать для этого. Я получаю от Бога все необходимое для задач определенного жизненного отрезка, чтобы справиться со всеми связанными с ними проблемами. По окончании этого времени, я получаю от Господа новые задания, которые Он приготовил. Я замечал, что подобные мысли для многих христиан не новы. Однако для некоторых они звучат чуждо, ведь проще заниматься и в будущем тем, что уже известно и знакомо? Зачем снова идти в новую землю? Зачем отказываться от того, что работает?

3.1 Не может человек ничего принимать на себя...

На первый взгляд отказ и благодать, казалось бы, никак не сочетаются друг с другом. Или нет? Я уже писал о своем убеждении, что Бог оснащает людей к служению Своей всеобъемлющей благодатью вопреки неблагоприятным обстоятельствам. Такая точка зрения нам, христианам, более знакома. Но Божья благодать нужна не только, чтобы удержаться и выстоять, но и чтобы отказаться и отпустить. И здесь решающий вопрос: Куда идет Божий путь? Я верю, что отпустить в правильное время, когда оно приходит, столь же важно, как удержаться. Иначе мы рискуем заблокировать освоение нового. К сожалению, я часто сталкиваюсь с тем, что люди не только препятствуют прогрессу, но и так долго цепляются за то, что есть, пока и оставшееся полностью не разрушится. Бесчисленное множество раз предпринимаются попытки залить новое вино в ветхие мехи. Однако мы знаем от нашего Господа, что это не лучшая идея.

Конечно, оставить не всегда просто. Часто предыдущая деятельность формирует в нас определенную индивидуальность. И по пути к новым берегам эта индивидуальность может быть потеряна. Отказ от известного и знакомого означает принятие неопределенности и потерю влияния. С возрастом всегда труднее оставить и войти в новое, всем известно, что старое дерево не пересаживают. Но жизнь находится в постоянном потоке, и наши роли все время меняются. То же происходит и внутри семьи: с взрослением детей и с моей зрелостью моя роль отца по отношению к ним сильно изменилась. Я стал их другом. Это было бы странно, если бы я разговаривал с ними как раньше и также требовал. Если бы я делал что-то подобное, то они вероятно меньше бы общались со мной. Я помогаю, где могу и даю время от времени советы, когда меня просят.

Библейский пример того, как важно здраво отпускать и тем самым высвобождать Божью благодать для себя и других, мы находим в Моисее и Иисусе Навине. Иисус Навин сопровождал Моисея, учился у него. В это совместно проведенное время он по-особенному узнал Бога и осознал, чем обязан Израиль Богу. В конце концов, он перенял пост своего учителя. К сожалению, Иисус Навин не поступил как Моисей. Он не оставил преемника, и последствия были губительными. Поколение, следовавшее за поколением Иисуса Навина, отвернулось от Бога Израиля и оставило Его (Суд. 2:7-13). Эта история учит нас помнить о том, что мы оставляем за собой. Нам надо быть не только исполнителями, но и прокладывать путь другим. А более всего нам необходимо чувствовать время и вовремя выпустить эстафетную палочку из рук.

Если люди не оставляют что-то вовремя, это становится проблемой еще и потому, что так блокируется развитие. Часто они встают сами у себя на пути. Как правило, в жизни успешен тот, кто держится стойко и упорно и не дает отвлечь себя от цели. Но есть здравая форма капитуляции, когда поставленные цели нереалистичны и не приносят ожидаемого успеха.

Именно для нас, верующих, открывается еще и другая сторона того, почему иногда отпустить может быть лучшим вариантом. Писание учит нас, что успех наших поступков определяют не только такие классические факторы, как выдержка, одаренность или жертвенность, но он зависит от еще одного – решающего фактора. Давайте рассмотрим несколько отрывков из Нового Завета. В третьей главе Евангелия от Иоанна с 22-го стиха начинается рассказ о конфликте между последователями Иисуса и Иоанна Крестителя. Ученики Иоанна, смущенные действиями Иисуса, разыскивают своего учителя. Далее они рассказывают ему, что видели, как Иисус крестил в том же регионе, где и их учитель, но их крещения отличаются друг от друга. Нам неизвестны подробности, возможно, в общине Иоанна практиковались какие-то дополнительные традиции очищения, которые не использовал Иисус. Известно точно только то, что ученики Иоанна эти отличия Иисуса и его миссионерский успех открыто восприняли как подозрительное соперничество в том же регионе. По крайней мере, текст создает впечатление, что в их утверждении проскальзывает определенная зависть:

«Равви! Тот, Который был с тобою при Иордане и о Котором ты свидетельствовал, вот, Он крестит, и все идут к Нему» (Ин. 3:26).

Иоанн передает им на это в 27-м стихе нечто фундаментальное:

«...не может человек ничего принимать на себя, если не будет дано ему с неба».

Таким образом, учитель дает ясно понять своим последователям, что успех Иисуса базируется на Божьем действии. Ни один раввин не сможет извлечь из себя достаточно силы, чтобы привести к себе столько людей, если не будет дана ему власть свыше.

Высказывание Иоанна Крестителя учит нас тому, что духовная жизнь не вырабатывается по нашему желанию. Хотя Божье Царство снова и снова ощутимо в Его Церкви, но никогда не переходит полностью в ее руки, потому что это Его Царство. Оно остается в зависимости от Него и Его благодати (см. Ин. 15:5)

Все-таки мы не должны всегда списывать неудачи и провалы на отсутствие Божьего расположения. Пока мы живем в этом мире, мы подвергаемся его невзгодам, и причин неудач множество. Несмотря на это действителен уже упомянутый основной принцип: человек не может обладать ничем, что не дано ему с неба (Ин. 3:27). Некоторые могут вспомнить народную мудрость, которая звучит так: «Все в руках Божьих». Эта народная мудрость, вероятно, проистекает из толкований 126-го Псалма. В первом стихе описывается, что все человеческие усилия напрасны, если нет Божьего сотрудничества (Пс. 126:1). Какой бы старой и известной пословица не была, она, как мне кажется, уходит в небытие. Но я многократно извлекал из нее пользу, потому что она мне напоминает, что мы не сами по себе – а уже это приносит облегчение, с другой стороны, это помогает мне оставаться бдительным и проверять, ощущаю ли я Божью пригодность для того служения, которое выполняю. В противном случае было бы гораздо разумнее оставить те дороги, на которых Бог не идет со мной и не действует через меня. Если Он не со мной, я тружусь напрасно. Труд, который не благословляет Бог, становится утомительным и обременительным. В нем отсутствует необходимая благодать.

Конечно, никто не хочет изнурять себя трудом вне Божьей всеобъемлющей благодати. Но как узнать правильный момент, чтобы оставить? Этот вопрос мне задают часто. Я думаю, что наша роль в жизни и нашем становлении сравнима с самим течением жизни. Наше окружение постоянно меняется, поэтому и наша роль не может быть статичной, и мы не можем быть окончательно образованы. И когда я говорю об окончательном образовании, то речь не об обучении в смысле адаптации к рынку. Речь не только о том, чтобы посредством обучения или развития своих способностей воздействовать на определенное поле деятельности, но о том, чтобы постоянно и целостно развивать себя и повышать свою квалификацию. Личность, находящаяся в подобном процессе развития и слушающая Святого Духа, всегда распознает правильный момент и будет готова к следующему заданию, которое ей дарит Господь.

Когда я был моложе, я мечтал, что к 60 годам уже не буду пастором, а вместо этого буду основывать поместные общины. Я строил планы для своего будущего. Блез Паскаль как-то сказал: «Хочешь рассмешить Бога, расскажи Ему о своих планах». Я предполагаю, что не раз вызывал улыбку у моего Создателя, потому что Он хотел, чтобы было иначе. Несколько лет назад мне выпала милость стать наставником и поддержкой молодым людям. Я принял это поле деятельности из Божьих рук. Теперь мои духовные сыновья основывают общины. Как наставник и консультант, я, конечно, не на переднем плане, и лавры уже собирают они. И мне не грустно от этого. В конце концов, речь же не о моей персоне, а о деле Иисуса Христа – и моя мечта основывать общины исполнилась, хоть и иным образом.

3.2 Многогранная благодать

Хорошо, когда люди служат тем, что им дано, с осознанием того, что человек из этого ничего не может взять. И вот мы снова обращаем наше внимание на «благодать», как понятие. Дальнейшее рассмотрение Нового завета позволяет увидеть, что всеобъемлющая благодать, о которой мы говорили, не всегда одного и того же характера. Существует множество ее проявлений. Например, Павлу согласно его высказываниям была дарована особая благодать. На дарованной ему благодати он основывает свои наставления римлянам (Рим. 12:3), о ней упоминает и в других посланиях: 1 Кор. 3:10; Гал. 2:9; Еф. 3:7.

Кроме того апостол говорит о том, что Господь наделяет каждого определенной мерой благодати. Поэтому он хвалится не так, как его оппоненты, не вне пределов, а по мере отведенного ему предела (2 Кор. 10:13-15). Поэтому в Рим. 12:3 Павел призывает верующих не думать о себе более, чем нужно думать и оставаться в том пределе меры, который Бог каждому дал. Аналогично, но более конкретно Павел пишет об этом в Еф. 4:7:

Каждому же из нас дана благодать по мере дара Христова.
Общинный или церковный контекст ясно показывает, что здесь речь о благодати, которая служит к созиданию общины, и совершенно не о благодати искупления. В стихе 11-м Павел начинает, наконец, говорить о различных служениях, которые мы рассмотрим позже. С моей точки зрения эта определенная мера благодати не может быть ограничена какой-то группой людей, седьмой стих говорит обо всем христианстве. Каждому из верующих дарована определенная мера благодати. Задача служения состоит в том, чтобы эту меру раскрыть в братьях и сестрах так, чтобы она стала действенной.

Однако что же имеет ввиду Павел, говоря о «мере благодати»? На мой взгляд здесь слишком коротко изложено, чтобы предполагать, что речь о каком-то определенном спектре даров (в смысле духовных даров благодати или *харизм*), ведь концепция даров (*харизм*) не появляется нигде во всем письме. Поэтому мне кажется несправедливым сократить весь текст только до даров. Дары, которые мы подробно рассмотрим в дальнейшей части этой книги, следует понимать скорее как инструменты. Тогда как благодать охватывает гораздо больше. Она, как я уже представлял во второй главе, является сверхъестественным всеобъемлющим наделением способностями, силой, которая формирует облик человека, но согласно выражениям Павла дается верующим различно. Подобное сообщает нам Павел, когда он говорит о «многоразличной» благодати (1 Петр. 4:10):

Служите друг другу, каждый тем даром, какой получил,
как добрые домостроители многоразличной благодати Бо-
жией.
Павел определяет Божью благодать не однообразной и не единообразной, но показывающей себя в каждом человеке разнообразно[9]. Мера благодати одного верующего не та же, что у другого.

---

9 *Благодать можно назвать «разноцветной», потому что слово «poikilos» (ποικίλος), которым пользуется здесь Павел, переводится как «многоцветный», «многокрасочный».*

То, что я представляю здесь, основываясь на Библии, многим из вас уже встречалось в вашем окружении или в собственной жизни. Поприще, сфера влияния, область ответственности и характер одаренности каждого верующего весьма различны. В идеале это и разумно, и беспроблемно, но люди склонны расставлять оценки. Нас притягивают к себе величие, особенность или одаренность. Поэтому некоторые проявления благодати кажутся нам особенными и значимыми, тогда как другие выглядят неинтересными и ничтожными. Как правило, именно то интересно и желанно, чего у меня нет, а свое теряет привлекательность. Мои внуки довольны игрушкой, которую держат в руках, и она приносит им радость, пока они не увидят у одного из своих братьев или сестер якобы лучшую игрушку, которой им не хватает именно сейчас. Тут же обостряется чувство справедливости, и требование игрушки не заставляет себя долго ждать. Такое детское поведение, заставляет взрослых улыбаться, но по своей сути мы похожи на детей. Мы обесцениваем свое, потому что считаем, что у другого более ценное.

Мне регулярно задают вопросы, почему Бог Свою благодать столь различно распределяет. «Неужели они заработали это у Бога или заслужили?», «Разве некоторые более привилегированны?», «Бог несправедлив?» Мой ответ на подобные вопросы, как правило, краток и прост: Бог распределяет различно, потому что мы — люди — различны. Каждый человек уникален и индивидуален по своему социальному статусу, своей биографии, своим привычкам и своим жизненным обстоятельствам.

Собственно все люди обладают даром, который не имеет духовной природы: способностью учиться и приспосабливаться к условиям окружающей среды. Прежде всего это безусловно относится к детям. У взрослых все выглядит несколько иначе. Естественно, и в зрелом возрасте можно многому научиться, но не всегда к этому есть необходимые ресурсы. Бюджет времени, как правило, жестче, да и часто влияют такие весомые факторы, как социальная ответственность за семью и близких, финансовые требования и отсутствующая мотивация. Ко всему прочему надо помнить, что не всегда достаточно способностей в какой-то области, чтобы добиться успеха. Даже если кто-то теологически достаточно образован, это не означает, что ему хватает выдержки, коммуникативных способностей или убедительности. Но именно эти качества необходимы, например, для руководства в церковной сфере. Я хочу сказать, что человек может выучить все, но только в определенные сроки и в определенной степени. Те или иные задачи могут перегрузить кого-то, хотя они и обладают необходимыми навыками для выполнения этих задач. Кроме того, определенная мера благодати приносит также новые обстоятельства, с которыми надо справиться. Большая ответственность несет с собой, например, больше конфликтов, возрастающую временную нагрузку, а значит больше стресса. Необходимо быть готовым и к таким обстоятельствам.

Редкий моряк не хотел бы стать капитаном, но эта профессия требует разносторонних способностей и знаний. В отличие от судового механика капитан судна не только компетентен в нескольких областях, но и должен иметь общее представление о многом и нести ответственность за все. Его знания не ограничены лишь судоходством. Он должен, например, быть сведущ и в правовых вопросах. В судоходстве играет роль и разница в размерах судов. С увеличением размера судна возрастает и ответственность, и нагрузка, и требуются дополнительные области знаний. Когда судовой механик находится в море, и все идет гладко, он может прийти к заключению, что мог бы, исходя из собственного опыта, заменить капитана в его должности. Если бы ему действительно разрешили занять пост капитана, что маловероятно, он бы довольно быстро пришел в себя от неожиданных трудностей.

Как бы абсурдно не выглядел подобный случай повышенной самооценки на судне, такое случается не редко в Церкви Иисуса Христа: одаренные братья и сестры годами вместе созидают церковную общину или ведут региональную работу. Успех вероятно можно объяснить тем, что Бог даровал особую благодать руководителю этой работы и благословил его. Однако среди сотрудников встречаются и такие, которые уверены, что эти достижения стали возможны благодаря их компетенции. Когда-то приходит день, в который руководителю нужно оставить свой пост. Чаще всего подобные изменения связаны с возрастом или какими-то жизненными обстоятельствами. Но нередки случаи, когда руководителя вытесняет его команда или конкретный сотрудник. Возможно разногласия и личные разочарования исчерпали отношения, и необходимо создать новую команду, чтобы исправить ситуацию. Однако определяющей причиной может быть и обычная «борьба за власть».

Итак, требуется новый руководитель. Я часто сталкиваюсь с тем, что на первый план выходят те, кто давно трудится и считает, что в прошлом особенно способствовал успеху в работе. Однако нередко встречаются и такие люди, чей вклад не был таким уж особенным, но они уверены, что их собственная персона подходит. Насколько таким людям действительно Бог дает руководящую роль, так и будет благословен их труд. Однако не всегда так бывает. Очень часто «матросы» переоценивают себя и пытаются стать «капитаном». В подобных случаях успех в работе начинает ломаться и со временем теряется поддержка сотрудников. В конце концов, они уходят разочарованными и огорченными.

Если мы рассмотрим притчу о талантах из Евангелия от Матфея 25:14-30, вышеизложенное станет еще понятнее. Рассказ начинается с того, что господин поручил своим рабам имение перед отъездом. Он вручает им свое имущество и, разумеется, они должны им теперь управлять. Суммы, доверенные рабам, были большими. Дневной заработок необученного рабочего составлял тогда один динарий (Мф. 20:1-5). Считается, что один талант равен примерно 6 000-10 000 динариям. Так что даже то «малое», что господин дал рабам, было велико (Мф. 25:23).

В стихе 15-м описывается почему господин неодинаково распределил суммы между рабами:

...и одному дал он пять талантов, другому два, иному один, каждому по его силе; и тотчас отправился.

На протяжении церковной истории эта притча интерпретировалась по-разному. Экзегеты Священного Писания не пришли к согласию, что должны означать таланты в переносном смысле. Кроме того до сих пор остается дискуссионным вопрос о том, какие части этой притчи надо рассматривать в действительности символически, а какие являются повествовательными рамками. Наиболее распространенная интерпретация изображает таланты как дары, которые Бог дает каждому человеку. Какими бы ни были эти таланты, ясно одно, что распределяет их хозяин между рабами неодинаково, не желая давать нагрузку рабам сверх их способностей. Он дает каждому по его «силе» или по его «возможностям», то есть таким образом подстраивая задачу под личность. Так и наш Господь, который представлен в притче как хозяин рабов, не дает никому нести сверх силы, чтобы никто не был обременен сверх меры (ср. с 1 Кор. 10:13). Это надо понять и принять. Бог не наделяет привилегиями и не несправедлив, напротив Он заботится о нашем благе и успехе. Он, Который ради нас пошел на Крест, чтобы мы имели жизнь, будет нас испытывать, образовывать и формировать. И во всем этом наш Создатель знает меру. Иногда мы перегружаем себя сами, ожидая от нас самих большего. Подчас так поступают с нами и другие, возлагая на нас непосильное бремя. При этом нам надо помнить, что мы не разочаровываем людей, а не оправдываем их ожиданий. Наше призвание не состоит в том, чтобы угождать всем. Нам надо быть более сосредоточенными на том, чтобы выполнить задачу, которую Господь поставил лично перед нами.

В церквях неоднократно вспоминают эту притчу, чтобы подчеркнуть, что Богу важна наша верность (ст. 23). Возникает вопрос, а в чем состоит эта верность? Конечно, она должна проявиться в мудром управлении Божьими талантами, а не в их погребении. И как раз последнее случается часто. По моему мнению, такое погребение происходит не тогда, когда человек пассивен, хотя на первый взгляд притча подводит к такому выводу. Оно случается и тогда, когда мы пытаемся управлять талантами, которые принадлежат не нам, вместо того, чтобы посвящать себя своим. Подробнее об этом мы поговорим в следующей главе.

? Вопросы для личного размышления.

1. Удерживать не всегда является благословением, иногда более здравым будет отпустить. Есть ли в твоей жизни или в твоем служении такие области, о которых Святой Дух говорит тебе, что их надо отпустить, чтобы ты принял новое?
2. Как человеческие существа, мы склонны расставлять оценки. Известны ли тебе оценочные системы служения или духовности в твоем окружении или в твоей собственной системе мышления?
3. Как ты оценивал прежде свои собственные дары, способности и области действия? Может быть, стоит совершить их переоценку?

4 Познавая Божью благодать

4.1 Почему желать многого не всегда хорошо?

Знаменитый американский футболист и тренер Винсент или Винс Ломбарди говорил при жизни: «Победители не сдаются, а тот, кто сдается – не побеждает никогда». Возможно, эта мысль и была неплохим голом в широко распространенном в западной культуре типе мышления. Желание стремиться к большему, следовать своему сердцу и не давать себе уклониться от достижения своей мечты мы относим к хорошему тону. А такие качества, как смирение или умение отпускать, наше общество отодвигает на задний план. Сдаваться не любят даже в благочестивых кругах. Но всегда ли такое мышление является мудрым? А что, если наши желания и мечты не только завышены и не реалистичны, но и выходят за пределы меры нашего собственного дара благодати? Какие последствия влечет такое отношение и такие ложные цели?

В последней главе я писал, что человек не может ничего принимать на себя, если это не дано ему с Небес. То же действительно и для благодати, как она описана в Новом Завете: Она предоставляется, и человек не может ее ни приобрести, ни вытребовать. Мы можем искать, находить и достигать того, что Бог для нас приготовил. Но никакой упорный труд и никакие усилия не помогут нам достичь успеха, если мы хотим добиться того, что нам не дано. Эта дилемма напоминает мне снова и снова 1 Петр. 4:15:

Только бы не пострадал кто из вас, как убийца, или вор, или злодей, или как посягающий на чужое...

Христиане первых общин подвергались гонениям и преследованиям, и Петр пытался их поддержать. Пока они терпели все это за Господа Иисуса Христа, они были прославлены как счастливые (ст. 14). Однако ни один христианин не должно страдать за то, что он – убийца, вор, преступник или посягающий на чужое.

Слово, которое Петр употребляет последним в этом списке, встречается в Библии однажды, да и античной литературе первого века оно чуждо. Чаще всего его понимали как «позер» или «захватчик». Дословный его перевод звучит как «надсмотрщик за чужим». Здесь явно речь о личности, которая вмешивается в дела других. Христианин не должен быть за это наказан. Я нахожу важным то, что Петр связывает подобное превышение полномочий с болью. Вместо того, чтобы просто упомянуть, что такое поведение неприемлемо для христианина, он говорит ясно и кратко, что позерство ведет к последствиям: личное страдание для сующего нос не в свои дела.

Я убежден, что люди, которые пытаются взять себе то, что Господь им не дал, будут терпеть скорби в различном виде. Это может проявляться в стрессе, разочарованиях, переутомлении, срывах и удрученности – и это далеко не полный список. Кроме того, неизбежно страдает и Церковь Иисуса, если ее члены занимают не свои места, отведенные им Богом.

По своей консультационной работе и из-за служебных поездок я часто становлюсь свидетелем борьбы за власть в общинах. К сожалению, соперничество не приносит пользу делу. Оно может привести к войнам, а в них, как известно, нет победителей, лишь проигравшие. Церкви изматываются в таких внутренних битвах, а, в худшем случае, распадаются на части. Это вредит не только Телу Христову, но и распространению Евангелия, потому что те, кому мы должны нести Благую Весть любви и прощения, видят, что наши общины наполнены ссорами и распрями. Христиане, к сожалению, единственная порода овец, которые друг друга кусают. В Церкви Божьей не должно быть никакого соперничества и баталий за чины. Множество конфликтов и партизанских войн можно было бы предотвратить, если бы каждый искал того, что ему дано Богом, вместо того, чтобы посягать на чужое. Именно так на мой взгляд можно избежать конфликта и ссоры до того, как они начались, тогда бы и общины были сильнее и влиятельнее. Это увещевание относится не только к тем, кто захватывает служение. Также и руководитель ответственен за то, чтобы предоставить другому его место, а не держаться за сферы влияния. Поэтому я назвал бы моим девизом не столько: «Я позволяю комплектацию», а скорее, «я активно ищу комплектующие».

Мы сами несем ответственность за то, чтобы познавать меру дарованного Богом и в ней оставаться. Павел многократно призывает своих братьев и сестер по вере оценивать себя правильно. Вероятно, среди братьев и сестер Римской церкви были те, кому стоило бы напомнить не придавать себе слишком много значения:

...не думайте о себе более, нежели должно думать; но думайте скромно, по мере веры, какую каждому Бог уделил.
(Рим. 12:3)

Апостол говорит здесь о трезвости при оценке себя. Что было причиной этих слов, остается неизвестным, но из этого получается, что в его окружении были личности, которые стремились к чему-то большему, чем было в их предназначении. Дальнейший отрывок, в котором Павел призывает читателей, оставаться в пределах меры, – это 1 Кор. 7:17:

Только каждый поступай так, как Бог ему определил, и каждый, как Господь призвал. Так я повелеваю по всем церквам.

Спасительная Божья благодать, благодаря которой мы становимся Его детьми, не отменяет великое многообразие людей в мире. Поэтому каждый должен свою жизнь выстраивать так, как для него определено Богом. В стихах перед процитированным Павел дает советы тем, чьи супруги еще не верующие (1 Кор. 7:12-16). Он уточняет, что эти советы отражают его личное мнение, и каждый все-таки сам ответственен за познание и исполнение Божьего призвания для своей жизни. Норберт Баумерт переформулировал слова Павла следующим образом: «Итак, ты должен еще раз обдумать мой совет для себя и проверить пред Богом, верен ли он в твоем случае. Это принцип действителен всегда!»[10] Даже мудрый совет апостола не бесспорен, если речь о том, что Господь отмерил человеку. Каждый решает для себя сам искать Божьего водительства всю свою жизнь. Этот поиск никогда не должен быть завершен, ведь жизнь и предложенные нам задачи постоянно изменяются. Человек проходит постоянно различные стадии своего роста. Они приходят и уходят.

---

10 *Баумерт, Норберт. Заботы душепопечителя. Перевод и толкование первого послания коринфянам. / Норберт Баумерт. – Вюрцбург, – 2007. – С.101*

Одни из них удается завершить, другие остаются в процессе. Этот поиск собственной меры дара благодати подобен путешествию, в котором курс постоянно проверяется и корректируется. Только так мы сохраним нашу цель и сможем не сбиться с пути.

4.2 Меньшее не всегда больше

Церковь Иисуса страдает не только от того, что ее члены подчас хотят большего, чем им отмерено Господом. Есть наверняка много и таких, кто собственную меру дара благодати вовсе не принимает. Возможно они не хотят совершать ошибок или боятся неудач. Или где-то верят, что незначительны. Некоторые могут и вовсе не знать, что они нужны Богу. Он, конечно, мог бы и без нас создавать Свое произведение, но Он хочет сотрудничать с нами. При более внимательном чтении Библии бросается в глаза, что Бог часто пользуется естественными средствами и чаще всего прибегает к помощи людей. Когда Павел в Рим. 12:3 призывает к тому, чтобы думать о себе не более, чем должно, то он предостерегает нас в том числе от низкой самооценки. В конце концов, каждый должен жить так, как ему определено Богом (1 Кор. 7:17, Еф. 4:7). Ложное смирение тоже неуместно. Мы важны для Бога. Наша ценность для Создателя открыта Иисусом в Ин. 3:16. Бог не пощадил Своего собственного Сына, чтобы у людей снова была возможность общения с Ним.

4.3 Примириться с собственной мерой дара

Я призываю группу как колеблющихся и сомневающихся, так и дерзновенных примириться с мерой дара благодати, данной именно им Богом, и принять ее.

На первый взгляд это выглядит не так уж привлекательно. Возможно, это не соответствует нашим представлениям и стремлениям или вредит нашему эго. Для разочарованных у меня есть добрая весть. Новый Завет знает также рост благодати. В конце книги мы рассмотрим и эту тему. Но прежде всего нам надо принять благодать Господа. Приняв ее, мы сможем принять и собственные ограничения. Они являются естественной частью нас самих. Не все преуспевают во всем, и это не трагедия. В наше время чуть ли не каждый хвалится тем, что он всесторонний универсал – мне нравится называть таких людей «яйценосной тонкорунной молочной свиноматкой». Но существ, способных ко всему не существует ни в природе вообще, ни, как особой человеческой породы, среди людей. Скорее наоборот, в растущей сложности нашего сообщества и окружающего мира в целом пытаться все уметь, в конце концов, превращается в чрезмерный стресс. В большей опасности находятся самые дотошные среди нас. Быть совершенным и работать совершенно требует огромных затрат энергии и ресурсов. Кроме того нашего Господа не впечатляют безупречные глянцевые достижения. Его более всего интересуют отношения от сердца к сердцу.

Мне не всегда хотелось соглашаться с моими ограничениями. Не так давно меня спросили, что я считаю на сегодняшний день самой большой ошибкой в моем руководстве. Я думаю, что ошибался, когда считал, что люди изменятся благодаря моему присутствию и моему времени, проведенному с ними. Так я окружил себя людьми, которые должны были измениться к лучшему в моем присутствии. Однако все было не так, как я себе представлял. Вместо того, чтобы меняться, они негативно влияли на меня. Было высокомерием думать, что я могу обладать таким влиянием и даром убеждения. Я сильно заблуждался в этом предположении и заплатил за это высокую цену. Господь есть начало и совершение нашей веры (Евр. 12:2), и это Его присутствие меняет людей. Считать, что я сам мог бы это сделать, было завышенной самооценкой, и я должен был вернуться в меру дара, который был мне дан.

Как я уже говорил, я не верю, что Бог несправедлив в Его распределении Своей благодати. Он заинтересован в нашем благополучии и успехе нашего труда. Если я критикую Его меру, данную Им мне, то я ставлю под сомнение Его способность рассчитывать. Первородный грех человека состоял как раз в том, что он хотел стать как Бог (см. главу 1). Человек хотел стать господином самому себе. Эта потребность присуща человеку до сих пор, она же определяет, какой образ жизни мы ведем, и за ней надо внимательно наблюдать. Потому что такого рода вожделение не должно быть мотивацией поиска нашей меры дара благодати.

4.4 Распознать собственную меру

Вероятно, уже понятно, почему так важно, чтобы каждый оставался в правильной, Богом данной мере. Однако в нас могла зародиться неуверенность, что путь, нами избранный, вообще правильный. Время от времени проверять свою личность и свое служение является с любой стороны здравой привычкой. Мы не должны избегать того, чтобы снова и снова проверять и исправлять себя согласно Священному Писанию и образу нашего Господа. Но как же теперь распознать, что мы находимся в пределах своей меры, и не свернули на неверную дорогу?

Здесь Павел служит нам примером. Он пишет в послании Галатам 2:1-10 о своей встрече с другими апостолами, руководившими ранней Иерусалимской церковью. Примерно через 14 лет после того, как он побывал там по личным причинам, он пришел снова. В этот раз он прибыл в город не один, но с группой, и основанием его приезда была необходимость разрешить некоторые спорные проблемы. Дискуссии вращались вокруг миссии язычникам, на ниве которой Павел трудился уже несколько лет, и на которую в Иерусалиме смотрели по-разному. Обмен мнениями во время встречи не по всем пунктам вел к согласию. Некоторых Павел титуловал как «лжебратьев», которые хотят обратить верующих снова в рабство закона. Очевидно, это была группа людей, требовавших христианства в иудаизме. Несмотря на все разногласия удалось договориться с основными «столпами» тамошней церкви. Пришли к соглашению, что Иаков, Петр и Иоанн далее служат среди иудеев, тогда как Павел с соработниками посвящают себя неиудейскому миру. Что подвигло трех ведущих апостолов ранней Иерусалимской церкви к такому решению, Павел описывает в Гал. 2:9:

...и, узнав о благодати, данной мне, Иаков и Кифа и Иоанн, почитаемые столпами, подали мне и Варнаве руку общения, чтобы нам идти к язычникам, а им – к обрезанным...

Три других апостола отметили Божью всеобъемлющую благодать, которой был наделен Павел, после чего согласились с прибывшими. Благодать, действовавшая через апостола язычников, была явной для исполненных Духом руководителей церкви.

Благодать действует сегодня точно так же, как и в новозаветные времена. Когда распределенная Богом особая благодать становится действенной, то это заметно и окружающим. Даже если поначалу она еле теплится (2 Тим. 1:6), я думаю, что она станет со временем более явной для наших братьев и сестер. Поэтому эта благодать должна быть обнаружена и другими лидерами. Недостаточно, если только мы одни убеждены в том, что приняли ее. Я не всегда произвожу впечатление человека с особой благодатью, и мои первые выборы, как начальствующего епископа, были не самыми удачными, однако другие лидеры из Совета мне снова и снова подтверждали Божий призыв. Хотя необходимая благодать была во мне относительно рано распознана, я должен был, и продолжаю, в ней расти, потому что многое было для меня непаханым полем. В принципе, всю свою жизнь я следовал одному и тому же основополагающему принципу: я поверил, что мне дана Божья благодать после того, как другие лидеры мне это подтвердили. Кроме того я не сам предложил себя для этого служения, но последовал тому, что мне поручили зрелые духовные личности. Они распознали Божью благодать и рекомендовали меня, а там, где действует Божья благодать, вскоре появляются плоды, которые видны и другим.

Для большинства обязанностей, которые я принял, мне пришлось себя заново исследовать, и я хочу в этом контексте еще раз подчеркнуть: Бог не действует в одиночку, Он действует вместе с людьми. Для того Он и дает нам Свою благодать. И нам не стоит думать, что все на нас свалится. Над многим приходится дополнительно трудиться. Для выполнения многих заданий, которые ставил передо мной Бог, я приобретал литературу и искал наставников, которые сопровождали бы меня на этих новых путях. Божья благодать нам дается, но мы должны действовать. В притче о виноградной лозе в Евангелии от Иоанна Иисус подчеркивает, что Его ученики не могут без Него ничего делать, хотя принесение плода в этом отрывке описано как активное действие:

> *Я есмь лоза, а вы – ветви; кто пребывает во Мне, и Я в нём, тот приносит много плода; ибо без Меня не можете делать ничего.*

Иисус призывает учеников не погрузиться в размышления и не отсидеться на церковной скамье, а быть высоко производительными. В конце концов, совет пребывания в благодати дан не для личного пользования. Цель в том, чтобы быть действенным. И действенность приходит не от собственных сил, а в общности с Господом. Так становится понятно, что задача человека – приносить плод во Христе. Итак, у благодати две стороны: с одной стороны она является даром Божьим, с другой – назначением для человека. Такая благодать видима другим, зрелым братьям и сестрам, когда она переходит в действие. Однако это не проясняет, с чего мы должны начинать наш труд. Вот почему меня так часто спрашивают братья и сестры, как бы они могли сами распознать свою личную меру дара благодати. Я передаю с удовольствием мою собственную убежденность: Возьми то, что Бог уже положил к твоим ногам и расти в этом! Когда Господь нас призывает и снаряжает, Его поручение уже при дверях. Он создает возможности, чтобы мы достигли нашей меры благодати.

Чтобы поддержать читателей в их поисках, я расскажу в третьей части книги о дарах естественных, дарах Духа Святого и дарах служений. Таким образом, мне хотелось бы раскрыть, как действует Божья благодать в жизни верующего. Я надеюсь, что, читая следующий раздел, кто-то сможет встать на путь своей личной меры благодати. И наконец, у каждого из нас есть возможность просить в этом вопросе мудрости у Бога. В Иак. 1:5 мы читаем, что Бог дает мудрость всем, кто Его об этом просит, просто и без упреков.

1. Ты знал, что обладаешь собственной мерой дара благодати? Если да: веришь ли ты, что оцениваешь ее правильно?

2. Каждый человек уже имел опыт поражений, потому что это часть нашего развития. Как оценивали твои неудачи исполненные Духом братья и сестры? Принял ли ты их совет?

3. Какая реакция у твоего церковного окружения на твою сегодняшнюю сферу деятельности? Получаешь ли ты поддержку и ободрение или обратная реакция довольно сдержанная?

Часть 3: Служить в Божьей благодати

5   Действие Святого Духа в нас

Энтузиазм многих христиан возрастает, как только они узнают, что Дух Святой желает действовать через них – и это совершенно правильно! Но прежде чем мы обратимся к дарам и действию Духа Святого, я хотел бы затронуть основополагающую тему, значение которой для духовного служения невозможно преувеличить: Бог хочет действовать не только *через* человека, но и *в* человеке!

Как мы уже узнали, Его благодать не остается без ощутимых последствий. Божья любовь формирует нас и меняет. Конечно, Он принимает нас такими, какими мы к Нему приходим. Но Он нас слишком любит, чтобы оставить такими, какие мы есть. А вот хотим ли мы этих изменений? Первая реакция чаще всего утвердительная. Но мы, возможно, забываем, что речь идет о преображении нашей личности. Наша сущность не так уж легко поддается преобразованию, как нам думается. Исходя из моего опыта, многие кричат в восторге: «ура!», пока это их не касается.

Однажды в Санкт-Петербурге российский журналист спросил меня, что, на мой взгляд, является величайшим чудом Божьим. Я ответил, что самым удивительным считаю, помимо спасения человека – изменение личности отдельного человека и его сущности. Из собственной жизни, да и других, я знаю, как тяжело трудиться над собой. Но я убежден, что это абсолютно необходимо, если мы хотим здраво служить в Божьей благодати.

Все так много говорят о характере, но что это собственно такое? Словом «характер» мы описываем в определенной степени качества, манеру мышления и поведения человека. Короче говоря, под этим подразумевается все, что составляет личность, т. е. ее характеристики. Однако термин «характер» происходит от греческого слова «χαρακτήρ», обозначавшего монетный штемпель, которым пользовались при чеканке монет. Так золотая монета приобретала ценность не только самого металла, но и нанесенной на нее чеканки. Образно говоря, человек выделяется не своей внешностью, а характером. Настоящая себестоимость монеты номиналом в один евро, включая материал и затраты на производство, примерно 10 центов. Благодаря чеканке она возрастает в цене в десять раз. Мне нравится пользоваться этой метафорой при описании значения печати Святого Духа на нашем характере. По мере того как Божий Дух нас формирует, возрастает во много раз и наша ценность для окружающего мира.

Меня восхищает, что Бога не особенно интересует внешнее. Он намного больше смотрит на внутреннее человека. Он смотрит на сердце и то, что в нем (1 Цар. 16:7)[11]. Это внутреннее Бог запечатлевает Духом Святым, созидает и придает форму. Апостол Павел говорит в послании Галатам о «хождении в Духе» и жизни «по велению Духа»[12] (Гал. 5:16). Результат такого образа жизни он называет «плодом Духа» и перечисляет девять божественных качеств: любовь, радость, мир, долготерпение, благость, милосердие, вера, кротость, воздержание (Гал. 5:22). Некоторые толкователи Библии называют эти качества характером Иисуса Христа, и по праву, как я думаю. Если и был такой человек, который в совершенстве воплощал бы в

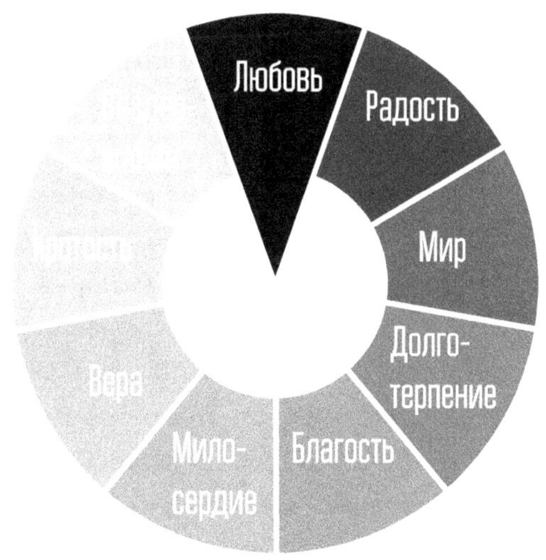

11 *Согласно Ветхозаветному представлению сердце – это центр человека, которым он думает и чувствует. Как европейцы, мы бы сравнили сердце с душой и разумом.*

12 *В переводе Десницкого это место Писания так и звучит на русском языке: «Говорю вам: поступайте по велению Духа, тогда не будете исполнять плотских желаний.» [Гал. 5:16] / Андрей Десницкий. Российский библеист и переводчик института перевода Библии при Заокской духовной академии. (Прим. переводчика)*

себе эти качества, то это и есть наш Господь Иисус Христос. Никто другой не мог бы на это претендовать.

Например, плод на фруктовом дереве не просто существует, он на нем возникает и созревает. Растения проходят свои процессы роста. В этом смысле люди от них не отличаются. Шаги в развитии нашего характера и нашей личности требуют времени и предполагают определенные процессы. Как жители одной из процветающих стран мы привыкли, что наши потребности довольно быстро удовлетворяются. Нам не нравится ждать еду в переполненном ресторане или стоять в длинной очереди в супермаркете. Поскольку нам редко приходится упражняться в выдержке, у нас нет и терпения. Изменения в личности происходят не по нажатию кнопки. Внутренние процессы требуют времени, и это не прогулка.

Одна китайская пословица гласит: «За деньги можно купить дом, но не домашний очаг, можно купить кровать, но не сон, можно купить часы, но не время, можно купить книгу, но не знания». И я бы добавил: «Можно купить внешнюю красоту, но не характер». Характер образуется и формируется. И это редко удобная и быстрая магистраль.

К первым мыслителям, кого занимала тема развития человека, относят философа Платона. В своей работе «Государство» («Πολιτεία») он пишет свою знаменитую аллегорию «Миф о пещере»: Человек попал в подземную пещеру. Скованный в мире иллюзий он может видеть реальность только как смутную тень, спроецированную на стену. Однако ему удается освободиться, выбраться из пещеры и увидеть своими глазами реальный мир. Эта пещера, в которой находился человек, в аллегории Платона относится к миру видимому, эмпирическому. Но для Платона существует еще и вечное царство идей. Выход из пещеры, в конце концов, приводит к тому, что человек может увидеть мир идей, что достигается благодаря формированию его личности. Платон описывает этот путь как кропотливый процесс. Только медленно можно отказаться от старых образов и тем более, что вне пещеры он ослеплен ярким солнечным светом, так что по началу может изучать что-то лишь ночами. Постепенно его глаза привыкают к свету, и он может даже смотреть на солнце.

По моему мнению, Платону удалось впечатляющим образом представить процесс развития человека как трудоемкую работу. Одно уж точно – образование и развитие не сваливаются к нам под ноги сами по себе. Нелегко отказаться от знакомого и привычного, занявшись новым и неизвестным.

Кто хочет трудиться над своим характером, нуждается в готовности к длительному процессу работы, точнее сказать к *сотрудничеству* с Духом Святым. Он хочет нашу личность вылеплять, придавать ей форму, формировать, но мы должны осознанно согласиться на это действие и допустить его. В противном случае не так уж многое и изменится. Можно сказать, что изменение характера происходит тогда, когда человек в тесном сотрудничестве с Духом Святым трудится над собой.

Но почему мы так детально рассматриваем здесь действие Бога в человеке, вместо того, чтобы заняться тем, как Бог хочет влиять через человека? Лично я верю, что отшлифованная личность важнее, чем харизма и одаренность. Не зря говорится: «Человека берут на работу по диплому, увольняют по характеру». В конце концов, важно внутреннее состояние — это и решающий фактор успеха, и, к сожалению, основная причина, почему призванные харизматичные лидеры терпят неудачу. В большинстве случаев они оказываются несостоятельными не из-за недостатка знаний или компетентности. Почти всегда это связано с самой личностью. Можно представить это следующим уравнением: *Харизма* минус *Характер* равно *Хаос*. Без характера, который образует и формирует Святой Дух, мы не можем нести долго духовное служение. Поэтому Бог хочет сначала поработать над нами, до того, как поработать через нас.

Конечно, значительным образом характер человека проистекает из воспитания и врожденных качеств. Но этот факт не следует использовать для того, чтобы оправдать себя в избегании необходимых процессов в созревании. Быть христианином означает также быть открытым для изменений, через которые Бог проводит нас. Наше равнодушие Он хочет превратить в любовь, нашу гневливость в кротость, нашу недисциплинированность в воздержание. Это намерение становится очевидным, когда Павел говорит о жизни в Духе и перечисляет при этом божественные качества характера (Гал. 5:22). Характер Христа должен стать нашим собственным. В этом смысле апостол призывает нас облечься в Христа (Гал. 3:27; Рим. 13:14; Кол. 3:10). Возможно, это звучит слишком просто, но как я каждое утро выбираю себе одежду на выход, так ежедневно я должен принимать решение «одеть» себя в образ Иисуса Христа. Развитие характера и личности – не единовременное событие, но постоянное и осознанное решение позволить формировать себя по Воле Божьей.

Виктор Франкл сформулировал ценность внутренней работы такого рода следующими словами: «Все, что у тебя есть – можно отнять, но то, что ты есть – у тебя отнять не может никто». Характер указывает на величие и богатство внутреннего человека, которые в свою очередь влияют на его окружение. В моем многолетнем служении мне стало ясно, что собственная личность является важнейшим инструментом духовного руководителя. Характер человека и то, что он излучает, и есть Божий метод. В первую очередь Он работает не с программами, концептами и одаренностью, но с личностями. Иначе говоря: мужчина или женщина и есть послание. Принимается не то, что я говорю, но кто я есть. Кто хочет иметь влияние на свое окружение и вести других людей, будет это делать через свой характер.

Человек, который позволяет Святому Духу над ним работать, выигрывает не только сердца других, но и смотрит за своим сердцем. Только когда его мышление, речь и поступки находятся в согласии, он может быть в мире с самим собой. Поэтому личностная целостность и самобытность имеют особое значение для духовного служения, они защищают нас от двойной жизни. С другой стороны, неправедность приводит к разделению нашей личности и разрушению нашего духовного служения. Кто постоянно трудится над своим характером, делает себе большое одолжение. Как хорошо, что Бог не оставил нас наедине с этой задачей, но передал нас Святому Духу. Если мы хотим изменений, активно их ищем и позволяем себя менять, то Бог запечатлевает, формирует и вылепляет нас изнутри по Своему образу и подобию. В этом процессе не всегда себя удобно чувствуешь, потому что Божья школа, как и любая другая, бросает вызов (Евр. 12:6-11). Она улучшает нас на долгую перспективу, потому что от нашего характера зависит успех нашего служения.

? Вопросы для личного размышления.

1. Застой в развитии характера не в Божьих планах. Бог хочет, чтобы мы становились подобны Иисусу. Как ты работал в прошлом над развитием своего характера?

2. Кто хочет развивать свой характер, должен решиться на болезненный процесс, в котором Духу Святому позволено производить изменения. Что происходит с твоей готовностью к изменениям, когда ты слышишь, что у изменений есть цена?

6   Действие Святого Духа через нас

После того, как мы рассмотрели в предыдущих главах что такое «благодать», и необходимость действия Духа Святого в нас, я хотел бы перейти к существенной части этого произведения: действие Божьей благодати *через* человека в силе Духа Святого. Слово «*харизма*», используемое в этой связи, происходит от более короткого слова «*харис*», которое я уже объяснял ранее. Слово «*харизма*» можно перевести как подарок или дар благодати. Множественное число этого слова — *харизмата* — многократно встречается в Новом Завете и обозначает дары или харизмы верующих. «*Харис*» (т. е. Благодать) вызывает различные «*харизматы*».

На этом месте я хотел бы кратко затронуть значение слова «харизма» в обычном употреблении: личностью с харизмой называют человека с особым обаянием; у людей руководящей должности (например политиков) высокий шанс быть выбранным, если у них есть харизма. Но подобное употребление этого слова имеет не так уж много общего с его новозаветным значением. В Новом Завете речь идет о различных дарах и функциях в общине. Кроме того харизмы не принадлежат отдельным лицам: каждому верующему дана благодать по мере дара (Еф. 4:7), и согласно Новому Завету у него есть различные дарования (1 Петр. 4:10, Рим. 12:6). Поэтому все христиане без исключения харизматичны, а не только некоторые избранные лица или особенные группы. Кроме того харизмы подобно благодати распределены среди всех, и даны в большом разнообразии.

Пожалуй, самый известный список харизм мы находим в 1 Кор. 12:8-10. Апостол Павел представляет нам девять даров Духа, среди которых слово мудрости и дар веры. Дальнейшие места Писания, где упоминаются дары, мы встречаем в Рим. 12:6-8, 1 Петр. 4:10-11 — так называемые естественные или собственные дарования. Кроме того в Еф. 4:11 нам представлены пять служений. Однако они не обозначены прямо как дары и соответствуют более названию личностного служения. Вот почему на мой взгляд надо отличать служение пророка и дар пророческого слова.

Лично я подразделяю упомянутые в Библии харизмы на четыре категории: Божий дар, дар Христа, собственные дары и дары Духа Святого.

6.1 Божий дар и дар Христа

Первые харизмы – это Божий дар и дар Христа (Рим. 5:15). Они наиважнейшие, потому что ими Отец и Сын осуществили спасение для всех людей. Божий дар описан в Рим. 6:23 и во 2 Кор. 1:11[13] как дар вечной жизни, который получает от своего Творца спасенный человек:

Ибо возмездие за грех – смерть, а дар Божий – жизнь вечная во Христе Иисусе, Господе нашем (Рим. 6:23)

Свершение искупления Иисусом на Кресте в свою очередь является тем даром, который делает возможной вечную жизнь (Рим. 5:15). Преступлением «одного» права смерти распространились на многих. Однако через послушание «одного Человека» Иисуса Христа на Голгофском Кресте для многих ниспослан дар, благодаря которому смерть снова потеряла свою власть над ними. Эти два дара благодати тесно связаны между собой и образуют фундамент для дальнейших. Только тот, кто принял эти, получает и остальные. К сожалению, не все люди принимают их для своего спасения.

---

13 *В русском Синодальном переводе во 2 Кор. 1:11: «...при содействии и вашей молитвы за нас, дабы за дарованное нам, по ходатайству многих, многие возблагодарили за нас» – там, где стоит слово «дарованное» в греческом оригинале употребляется слово «χάρισμα» – харизма, которое переводится как дарование, дар (благодати). В немецком переводе именно там и стоит «дар благодати». (Прим. переводчика)*

6.2 Собственные дары

Природные способности, такие, как например талант вокалиста или ремесленника, следует отличать от даров духовных. На мой взгляд, именно о естественных дарованиях говорит Павел, когда он в 1 Кор. 7:7 пишет о «своих дарованиях от Бога» для каждого, которые распределены между людьми индивидуально:

Ибо желаю, чтобы все люди были как и я; но каждый имеет свое дарование от Бога, один так, другой иначе.

Но все-таки возникает вопрос, почему природные способности здесь названы дарованиями от Бога: с какой стати они относятся к харизмам, хотя они сформированы родительским домом, унаследованы генетически или приобретены личным жизненным опытом? И какое отношение имеет к этому Божья благодать, если любой человек и так ими пользуется? По моему мнению Павел хотел подчеркнуть, что новая жизнь во Христе отдает в Божье господство все вплоть до мелочей. Все, что представляет из себя человек, берется Святым Духом и переносится в Его служение. От Царства Христа не отделена никакая область жизни. Поэтому и позволяется сказать, что каждый обладает харизмой, каждый из нас одарен и все, что он имеет, может стать даром Божьим. Кто-то может подумать, что есть люди, у которых вообще нет таланта. На мой взгляд это неправда. Человеческая жизнь всегда подразумевает одаренность. Никто не изъят из этого благословения, хотя некоторые дары наше общество не замечает или мало ценит.

В Рим. 12:6-8 находится первый список, в котором Павел (за исключением пророчества) перечисляет различные дары, которые попадают в описанную категорию природных дарований. Это перечисление не претендует на полноту. Павел не собирался излагать всеохватывающий перечень даров, его целью было привлечение братьев и сестер по вере к тому, чтобы они стремились к достижению полного расцвета в своих способностях. Из стихов в Рим. 12:4 видна его убежденность, что каждый член выполняет в общине определенную функцию и крайне необходим. Ведь дары принципиально служат не тому, чтобы кто-то отдельный был в центре всего, но даны для благословения всей общины. Именно такое созидание братьев и сестер является целью действия Духа Святого через нас. И хотя список даров в Рим. 12:6-8 не является полным[14], перечисленные способности ни в коем случае нельзя игнорировать. Напротив, возможно именно эти дары содействуют здоровью и жизнеспособности общины. Поэтому я кратко изложу их ниже. Однако упомянутый первым дар возвещения пророчества будет отложен в сторону, потому что он не относится к природным дарам. Он будет подробно рассмотрен в главе о духовных дарах.

СЛУЖЕНИЕ

Следующим среди перечисленных даров идет дар «*диакония*». Греческое слово знакомо нам по русскому слову «*диакон*». Дар «*служения*» (именно так переводится слово «*диакония*») имеет множество аспектов, о которых Павел в 1 Кор. 12:5 пишет следующее: «и служения различны, а Господь один и тот же…» Под «*служением*» может подразумеваться выполнение различных организационных или благотворительных задач, как это описано в Деян. 6:1-7. Труд по раздаянию еды, от которой исполненные Духа Святого братья освободили апостолов, назван здесь так же «диаконией».

Личности с даром служения более способны в своей сфере деятельности, чем люди, которым они помогают. Они видят повседневные потребности людей и удовлетворяют их. Часто они стоят позади кулис. Несмотря на это, они выполняют ценную работу и поддерживают отдельных братьев и сестер, а также саму общину. Существует немало мест, где не встретишь ни пророка, ни апостола, но нет ни одного без служителя. Они являются огромной ценностью каждой общины, хотя подчас их недооценивают.

---

14 *В приведенных в Новом Завете списках даров встречается 20 различных терминов. Сравнение их с Рим. 12:6-8 говорит о том, что у Павла не было никакого установленного каталога даров, но он выбирал из множества.*

Учение

За даром служения в списке из Рим. 12:6-8 следует дар (харизма) учения. Учитель, точно так же, как любой, получивший дар, должен принести в общину свои способности, как пишет Павел. Окажется ли он способным преподавать, покажет его служение. Если он сможет вести учащихся в познании Слова Божьего и в возрастании в благодати, то подтвердит свой дар учителя. Человек с таким даром (харизмой) – не всезнайка и не одиночка. Он объясняет истину и глубину Библии ясно и понятно. Не всем Священное Писание дается легко. Отчасти это связано с тем, что Библия нам не упала с небес, а записана на Земле человеческими авторами, которых к тому вдохновил Бог. Но эти авторы жили задолго до нас и в чуждой нам культуре, поэтому люди с даром учителя могут нам помочь преодолеть эту пропасть. Они выстраивают мосты от Библии к человеку и таким образом создают доступ к ней.

Увещевание

Павел также призывает братьев и сестер с особым даром утешать или ободрять других, принести этот дар в церковь. В настоящее время лишь немногие общины претендуют на то, что у них есть личности с даром (харизмой) увещевания, разве что некоторые из членов обладают пасторскими навыками душепопечения. В конце концов, описанный здесь дар состоит в пасторском мастерстве помогать людям в восстановлении, ободрении, поддержке и утешении. Люди с таким даром (харизмой) не привязывают людей к себе, но ведут их к свободе во Христе. Библейским примером такого человека, который имел дар увещевания, является левит с Кипра Иосиф. То, что он был прозван другими апостолами Варнавой (что означает «сын утешения»), позволяет заключить о его особом даре, с которым он давал другим утешение (Деян. 4:36).

Даяние

Все христиане должны служить делу Господа финансово, отдавая, разумеется, только по мере своих возможностей. Десятина – хороший принцип, которого придерживаются многие свободные церкви. Если мы посмотрим на то, что Бог нам подарил, и чем Он благословит нас в будущем, для нас это не должно быть слишком сложной задачей.

Несмотря на это общее призвание к даянию, некоторые люди уникальным образом одарены Богом «раздавать» то, что они имеют. Они чувствительны к потребностям и нуждам других верующих и обладают данной Богом способностью покрывать этот недостаток. Все это должно происходить в простоте, как стоит в тексте послания к Рим. 12:8. Личности с даром (харизмой) даяния не заботятся о публичном признании (Мф. 6:3). Они рады раздавать то, что Бог им дал, чтобы помочь другим и поддержать дело нашего Господа. Среди братьев и сестер в церквях Македонии (2 Кор. 8:1-5) и в Филиппах (Фил. 4:14-18) вероятно были такие. Даяние может не только помочь, но и вызвать много радости. Там, где пользуются этим даром, ликование чаще всего не заставляет себя ждать!

«Начальствование»

Каждая организация нуждается в мудром руководителе, и существует дар «начальствования» или руководства, который заключается в организации и вдохновении Тела. Личность с таким даром стоит как капитан в открытом море во главе своей команды и показывает ей направление. Такой человек знает курс, который ему дает Святой Дух и показывает дорогу другим, чтобы они достигли Божьих целей. Ясное мышление, мудрость и проницательность являются его сильными сторонами. «Начальник» или руководитель может вдохновлять других к действию и вести их с чувством, потому что он обладает эмоциональным интеллектом. Люди доверяют его наставлениям и не убегают от него. Или как сказал Джон К. Максвелл: «Если ты думаешь, что ведешь других, но за тобой никто не идет, то ты просто гуляешь.»[15] Поэтому важно предоставлять руководящие должности талантливым лидерам. К сожалению, христиа-

---

15 *Максвелл, Джон К. 21 обязательное качество лидера. Как стать человеком, за которым последуют другие. / Джон К. Максвелл. – Минск: Издательство Попурри, 2006.*

не часто склонны давать скипетр управления людям, которые давно несут служение, или опытным членам церкви, или тем, у кого есть время на такую позицию. Но все это само по себе никого не делает хорошим руководителем. Очень часто я слышу при вступлении в должность одно предложение: «Он (или она) уже давно здесь». Тут же возникает встречный вопрос: «И?..»

Благотворительность[16]

Благотворительность или милосердие – это качество Иисуса, которое должно на самом деле быть распространенным среди всех христиан. Но все-таки есть личности, которые обладают ярко выраженным даром (харизмой) милосердия. Поступки Божьего Сына Иисуса Христа как Человека на Земле были ярким тому примером. Везде, где Он появлялся, слабые просили Его о милости. Личности с таким даром выражают сочувствие и дружелюбие раненым, больным и страдающим. Они готовы заботится о страждущих, посещая их, выслушивая и молясь. В чрезвычайной ситуации они быстро достижимы, имея открытое сердце для тех, кто нуждается, печалится и испытывает боль. Они оказывают практическую первую помощь, подобно доброму самаритянину в притче Иисуса (Лк. 10:25-37). Мы помним, что мимо человека, ограбленного разбойниками, проходили люди с особенными теологическими знаниями. Это ничем не помогло страдавшему. Он нуждался в служении милосердия, в благотворителе. Но представители духовного сословия не видели в этом необходимости. Этот пример ярко иллюстрирует нам, как важно для каждой общины, чтобы среди верующих были братья и сестры с подобным даром. Часто пасторы особенно благодарны им, потому что когда община достигает определенного размера, они просто не в состоянии посетить всех нуждающихся.

Как уже говорилось, вышеперечисленное нельзя считать полным списком естественных дарований. Названные уже способно-

---

16 Там, где Синодальном переводе стоит слово «благотворительность», в греческом употребляется слово «ἐλεέω» (елеео) – сочувствовать, жалеть, иметь сострадание, помиловать, умилосердиться (Прим. переводчика)

сти являются благом для общины, но есть много других талантов, в которых нуждаются поместные церкви. Если бы Павел составлял свой список сегодня, туда бы однозначно вошли и другие дары, значимые для созидания общины сегодня. Возможно, он бы назвал художников, имеющих чувство прекрасного и могущих создавать красивые вещи. Поскольку мы живем в электронную эпоху, то онлайн-ресурсы являются нужными инструментами для общины и то, как она представлена в медийной сфере имеет важное значение для ее роста. Хорошо, если в наших рядах есть те, кто может представлять должным образом Царство Божье в этой области.

То же самое можно сказать о звукорежиссерах. Наша эпоха требует определенного профессионализма в музыкальной сфере. Посетители свободных церквей, как и светское население имеют определенные музыкальные требования. Церквям тоже надо отнестись к этому серьезно. Кто-то из русских однажды сказал: «Есть два типа людей: те, кто создает музыку, и те, кто ее только слушает». Поскольку я, как и многие другие, принадлежу к последней группе, то я очень благодарен братьям и сестрам, одаренным музыкально.

Есть еще один дар, который не упоминается в Рим. 12:6-8, но он очень важен в Теле Христа, и называется гостеприимством. Прежде, чем говорить о харизмах Петр требует его от верующих (1 Петр. 4:9), Павел тоже видит его как одно из условий служения старейшин (1 Тим. 3:2). Быть страннолюбивым означает любить странствующих, быть гостеприимным, открытым как для людей со стороны, так и для братьев и сестер по вере. Однако в то время, когда население нашей страны становится все более и более раздробленным на отдельные социальные слои, мы неохотно пускаем чужаков в нашу «крепость». Английская пословица «My home is my castle»[17] вполне применима и в другой стране. В связи с тенденцией урбанизации множество индивидуумов живет бок о бок друг с другом в тесном пространстве, но среди них немало одиноких в толпе людей.

---

17 *Мой дом – моя крепость. (Прим. переводчика)*

Когда-то в Сибири одна христианка пригласила мою мать в свой дом и тепло приняла ее в маленькой группе, которая собиралась под крышей ее дома. Моя мама обрела веру в Иисуса Христа благодаря открытому сердцу этой женщины. Вскоре и мой отец сидел в кругу этих верующих. Через несколько лет он стал пастором нашей поместной церкви. Мы так благодарны этой женщине, что она открыла моей матери свое сердце и двери своего дома. Многие церкви так же, как и наша семья, благословены людьми с даром гостеприимства.

Список драгоценных даров (харизм), которые приносят люди в общины, можно бесконечно продолжать. Однако после того, как мы внимательно рассмотрели личные природные способности, давайте посвятим следующий раздел особым дарам, данным Духом Святым.

6.3 Дары Духа Святого

Дары (харизмы) Духа образуют четвертую группу даров. Как мог уже заметить внимательный читатель в предыдущих разделах, термин «*харизма*» не всегда связан с действием Духа Святого. Однако в дарах (харизмах), описанных в этом отрывке, действие Святого Духа очень явно. Как же мы распознаем, что рассматриваемые здесь дары являются духовными дарами? Они отличаются от вышеприведенных естественных способностей тем, что Павел в своем предисловии к следующему рассмотрению (1 Кор. 12:1) обозначает их не только как «*харизмата*»: Он называет их также «*пневматикос*»[18] (см. 14:1), что я для простоты назову духовным воздействием:

Не хочу оставить вас, братия, в неведении и о дарах духовных.

Вскоре после этого Павел называет тот же феномен проявлением Духа (1 Кор. 12:7). Все эти обозначения даны все тем же дарам или проявлениям, исходящим от Духа, и перечислены следующим образом:

____

18 *В подстрочнике Стронга указано, что в 1 Кор. 12:1 употребляется слово «πνευματικός»: духовный; как сущ. дух, духовное существо.*

Дары различны, но Дух один и тот же; ...и служения различны, а Господь один и тот же; и действия различны, а Бог один и тот же, производящий все во всех.

Различные дары (харизмы) даются возрожденным христианам Духом Святым для созидания церкви (1 Кор. 12:7). Иначе говоря: Святой Дух одаривает людей, чтобы через них укреплять их ближних. Эта связь видна в дальнейшем повествовании первого послания Коринфянам (главы 12-14), где духовные дары во многих местах упоминаются в связи с пользой или назиданием. Их сфера влияния распространяется в первую очередь на собрание общины. Это очевидно следует из 1 Кор. 14:1. Святой Дух не разделяет дары так, чтобы кто-то один был на переднем плане, блистал и добивался признания. Они не даны верующему, чтобы он сам себя назидал. Дары Духа служат к тому, чтобы быть благословением для других – это было и есть их предназначение. Если они не служат выполнением этой задачи, они становятся бессмысленными. Для собственной пользы можно использовать исключительно говорение на языках, как мы это увидим позже. Для остального же действует правило: все происходит к созиданию церкви (1 Кор. 14:12,26). Не зря в связи с этим Петр говорит о так называемых «дарах для служения» (1 Петр. 4:10[19]).

То, что Павел пишет как само собой разумеющееся о дарах Духа, является с моей точки зрения ярким доказательством живой духовной культуры ранней церкви[20]. Очевидно тогда в церковных общи-

---

19 *В Синодальном переводе мы читаем: «Служите друг другу, каждый тем даром, какой получил, как добрые домостроители многоразличной благодати Божией» 1 Пет. 4:10.*

Это же место Писания в переводе РБО: «Каждый из вас получил свой особый дар, так распоряжайтесь разумно этим многообразием Божьих даров для служения друг другу».

РБО – второй полный перевод Библии на русский язык после Синодального, выполненный в России. Перевод осуществлялся с середины 1980-х годов по 2010 год в качестве 2-х параллельных проектов (перевод Ветхого Завета и перевод Нового Завета), и впервые вышел в полном издании 1 июня 2011 года в издательстве Российского библейского общества. (Прим. переводчика)

20 *Мы находим упоминания не только в первом послании Коринфянам, но и в Гал. 3:5; 1 Фес. 5:19-22; 1 Тим. 4:14.*

нах было более харизматично, чем принято в наших сегодняшних. При этом Павел не предпринимал попытки составить систематическое учение о действии Святого Духа, он только говорил о дарах Духа, чтобы разобраться с какими-то разногласиями в отдельных общинах. А если бы он это сделал, вполне могло быть, что количество свидетельств о действии Духа Святого в раннем христианстве было значительно больше.

РАСПРЕДЕЛЕНИЕ ДАРОВ И ОБРАЩЕНИЕ С НИМИ

Харизмам невозможно научиться или купить их. Мы можем их просто принять, как и благодать. Как написано в первом послании Коринфянам, Святой Дух разделяет, «как Ему угодно» (1 Кор. 12:11). Хотя харизмы являются подарками, одновременно христианам предлагается ревновать о них (1 Кор. 12:31, 14:1). Бог и здесь хочет трудиться вместе с людьми. Они должны страстно желать быть употребленными Святым Духом и с Ним сотрудничать. К сожалению, мой опыт показывает, что это не всегда так. Возможно, сегодня общины теряют свою духовную силу, потому что христиане больше не стремятся к духовным дарам? Равнодушие и пассивность не приведут нас к цели. С моей точки зрения мы должны неустанно стремиться к тому, чтобы быть вовлеченными Духом Святым в созидание Его церкви. Иначе зачем бы Павел так явно советовал нам этого желать?

Некоторые христиане могут относиться скептически к духовным дарам, потому что они были свидетелями того, как ими злоупотребляли или использовали их неправильно. Однако подобный опыт не должен вести к тому, чтобы харизмам не давали никакого места. Скорее наоборот, мы должны учиться на ошибках и поступать в будущем правильно. Когда Святой Дух действует через людей, Бог и человек тесно сотрудничают и производят доброе. Такая близость – большой дар для людей, но одновременно и большая ответственность. Мы должны научиться справляться с возникающей в этом напряженностью. Когда мы корректно обращаемся с дарами, мы приходим к чудодейственному взаимодействию Бога и человека. Именно в духовных дарах таится тот потенциал, который созидает, воодушевляет и назидает не только отдельные личности, но целые общины. Однако в той же мере я испытал, что ненадлежащее служение в дарах (харизмах) приводило к изумлению и скепсису.

Мы не должны воспринимать человека неким каналом, принимающим с одной стороны Божье послание и с другой нефильтрованно передающим его дальше. В большей степени каждый верующий — это посланник, выражающий Божье слово и действующий в соответствии со своей собственной человеческой индивидуальностью, природой и характером (2 Кор. 5:20, Еф. 6:20). При составлении Библии Бог не выключил личностные характеристики отдельного писателя, но наоборот позволил их особенностям послужить, как например, мы это видим отчетливо у Луки (Лк. 1:1-4). Поэтому перед харизмой всегда должен стоять характер.

Что касается пророческого слова, то уже в раннее новозаветное время возникла необходимость его испытывать. Это действительно также или как раз тогда, когда кто-то утверждает, что уполномочен говорить от Бога. Павел сам дает нам указания в послании Коринфянам, как уменьшить ошибки и ущерб. Общины должны рассуждать о пророческих откровениях:

И пророки пусть говорят двое или трое, а прочие пусть рассуждают (1 Кор. 14:29).

Очевидно, что апостолу важно, чтобы пророческое слово приходило в церковь, пропущенное через размышление. В известном стихе из первого послания Фессалоникийцам, на который часто ссылаются при разного рода суждениях, Павел говорит в первую очередь о рассмотрении пророчеств:

Пророчества не уничижайте (1 Фес. 5:20).

То, что относится к пророческим высказываниям, действительно и для других духовных даров. Всегда, когда харизмы действуют через человека, это до́лжно оценивать духовно. Так мы сможем то доброе, что приходит от Бога, удержать и применить.

Поскольку каждый дар приходит посредством человека и нуждается в испытании, никто из служащих в дарах (харизмах) не должен представлять свою речь как абсолютное Слово Бога. Предпочтительно поэтому избегать столь любимого высказывания «Так сказал

Господь»[21]. Конечно, мы говорим не о формуле. Иногда кто-нибудь скажет: «Дух Божий мне открыл...», другой: «Божье слово прозвучало во мне...» Следующий сформулирует: «У меня сейчас было духовное переживание...» То, как именно это выразит говорящий, не является решающим. Важно, что он свое служение в духовном даре не преподносит как абсолютно Божью работу и не делает его неприкосновенным. Человек остается несовершенным существом и не может претендовать на безошибочность. Но тот, кто не готов к тому, что будет испытан, не готов служить в Божьем даре.

Суждение о духовных дарах должно проходить двумя способами: по содержанию и действию. Сначала необходима проверка о соответствии послания Божьей природе, и в этом Библия – единственный ориентир для сказанного (Деян. 17:11). Затем необходимо выяснить, оказывает ли служение в этом даре положительное влияние, потому что Бог дает Свои дары целенаправленно. Дар (харизма) выполняет свою функцию только в том случае, если его результатом является достижение благословения людей. Если же это не так или обнаружится, что его назначение бессмысленно или вредно для окружающих, то его стоит срочно рассмотреть более пристально и внимательно.

Итак, мы видим, что служение в духовных дарах всегда идет рука об руку с ответственностью – действует ли оно через нас, принимаем ли мы его или проверяем. Я хочу призвать церкви иметь более широкое сердце, быть готовыми учиться и допускать исправления. Ни у кого нет всей полноты мудрости и знания (1 Кор. 13:9). Ни у кого нет всех даров. Подобно тому, как развитие нашей личности никогда не будет завершено, так и в нашем служении своим даром мы остаемся в позиции учащегося. Дух Святой желает действовать

---

21 *Такого рода формулировка была типичной для Ветхозаветных пророков. В Новом завете мы встречаемся частично с подобным формулированием у пророка Агава (Деян. 21:11) или в экстраординарном Откровении Иоанна. Слова Ветхозаветных пророков были прямой речью Бога, поэтому они не подлежали проверке. Но подобную формулировку можно использовать авторитарно, лишая слушателя выбора. И это не соответствует сущности новозаветного пророчества, которые нуждаются в проверке.*

через нас, и мы призваны к тому, чтобы дать Ему эту возможность, и расти в дарах.

ТРИ КАТЕГОРИИ ДУХОВНЫХ ДАРОВ.

Приведенные в 12-й главе первого послания Коринфянам дары Духа Святого, на мой взгляд, очень удобно разделяются на категории. Как уже упоминалось, Павел в своих письмах, вероятно, не делал систематизации даров (харизм), но решал проблемы, с которыми столкнулись коринфяне. В любом случае, речь о том, что Бог хочет взаимодействовать разносторонне и невозможно принудить Духа Святого вместиться в наши представления. Поэтому и мою классификацию не стоит рассматривать, как догму, но лишь как попытку представить наглядно дары, изложенные в стихах с 8 по 9 двенадцатой главы первого послания Коринфянам. Для наглядности я разделяю их на три категории: дары откровений, дары силы и дары речи.

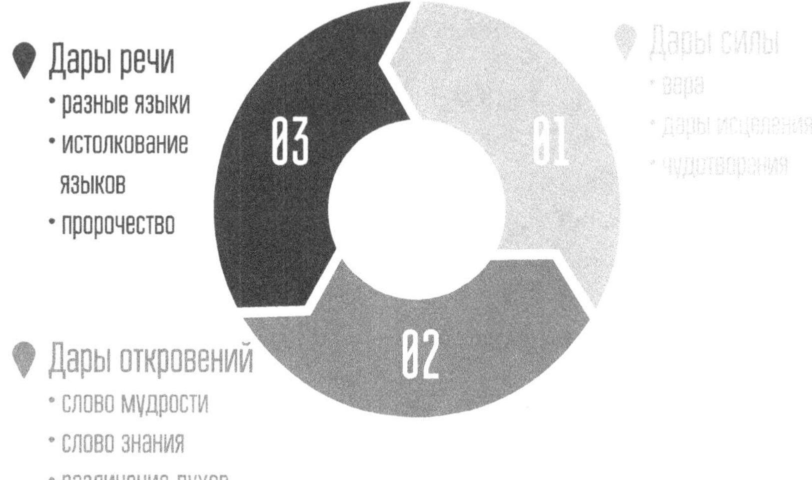

Дары силы показывают могущество и величие Бога видимым образом. Божья благодать проявляется зримо. Дары откровений выносят к обозрению скрытое. Они раскрывают возможность увидеть Божьи мысли и намерения. И наконец, дары речи озвучивают Божьи намерения. Поэтому их можно еще назвать «звуковыми» или «голосовыми» дарами.

Эти три категории ясно показывают, что Бог использует различные способы коммуникации, чтобы передать людям Свою благодать. Мы – люди – от Него не отличаемся: нам нравится взаимодействовать друг с другом различными способами. Недаром за последние два десятилетия стремительно развивалась именно профессиональная сфера медийной коммуникации. Общение является одной из наших основополагающих потребностей, и я убежден, что Бог Сам наделил нас умением и желанием общаться. Дары Святого Духа могут служить нам своего рода средством передачи Божьей Благодати.

В целом, я верю, что никто не может объединить в себе все духовные дары – хотя, конечно, Дух Святой может вызвать одновременно несколько даров в каком-то человеке. Однако, обычно, в духовных дарах действует несколько человек вместе, как пальцы одной руки. Каждый из них важен в отдельности и выполняет определенные функции, но только вместе они позволяют руке совершать служение. При сотворении человека видением Бога было создание не одиноких бойцов-суперменов, а именно командных игроков – людей, которые в хорошем смысле зависят друг от друга и дополняют друг друга. Поэтому каждый, кто действительно хочет служить своими дарами Духа Святого, должен ставить для себя высокую планку кротости и смирения. У того, кто позволяет формировать соответственно свою сущность, предпосылки для получения духовных даров лучше, потому что, как стоит в Библии, Бог дает благодать смиренным (Пр. 3:34; Мф. 23:12; Иак. 4:6; 1 Петр. 5:5).

Меня восхищает пестрый букет даров Духа Святого, врученный нам Богом. Он соответствует многообразию людей и их различным способам общения. В следующих главах я подробнее остановлюсь на отдельных духовных дарах и поделюсь с вами моим практическим опытом.

Актуальность духовных даров

Несмотря на то, что действия Духа в собрании первых христиан были явными и само собой разумеющимися, эти явления в дальнейшей церковной истории постепенно уменьшались. Лишь единичные группы стремились к тому, чтобы получать дары Духа Святого и пребывать в них. В этой связи часто ссылаются на Павла, который в его Песне песней о любви, говорит, что и пророчества прекратятся, и языки умолкнут (1 Кор. 13:8). Однако возникает вопрос, наступил ли этот день. Некоторые говорят, что «да!» Считается, что они, как и другие действия Духа, были ограничены апостольским временем и с момента создания Нового Завета более не нужны. Тот факт, что духовные дары все более и более исчезали в ходе церковной истории, подтверждает такой способ понимания текста.

Однако большая часть христианства трактует тексты Нового Завета все-таки иначе – и на мой взгляд правомерно. Хотя Павел действительно говорит о временном ограничении этой формы действия Духа Святого, он все же говорит не о настоящем, а об эсхатологическом будущем. На правомерность такого толкования указывает текстовой контекст, из которого можно заключить, что коринфяне верили, что достигли цели, так как не предполагали, что и мертвые воскреснут (1 Кор. 15:12). Действие Духа было с их точки зрения подтверждением их полноты (1 Кор. 14:20). Но Павел объяснял им, что действие Духа Святого тогда прекратится, когда Царство Божье наступит в Его полноте. Тогда и дары Духа более не будут необходимы (1 Кор. 13:8). По этой причине и знание упразднится, однако любовь будет существовать всегда (1 Кор. 13:13). Каждый должен к ней стремиться, а в настоящее время ревновать о других дарах (14:1). Подлинной заботой апостола по отношению к коринфянам было желание им разъяснить, что придет время, когда никакие дары больше не понадобятся. А тот факт, что они сейчас действуют должен дать коринфянам пищу для размышления.

Из Евангелий мы знаем кроме того о более тесных духовных взаимосвязях, которые действительны и для нашего времени: с Иисусом Христом «приблизилось Царствие Божие» (Мк. 1:15) и действие Духа Святого это подтверждает (Мк. 9:1), но это остается для будущего и еще ожидается (Мк. 10:23, Лк. 14:15 и т. д.). Поэтому мы все еще молимся молитвой «Отче наш», как нас и учил наш Господь, чтобы Его Царство пришло. Уже началось, но еще не завершилось.

Учитывая вышеизложенные взаимосвязи, с моей точки зрения гипотеза, что Павел своим высказыванием хотел сказать, что действия Духа Святого ограничены апостольским временем, не может быть поддержана. Кто внимательно и серьезно читает Павла, может, в конце концов, прийти к выводу, что эти дары в нашем распоряжении к совершенству ко второму пришествию Иисуса.

Несмотря на это, подобные проявления случаются в наших общинах редко. В чем причина того, что христиане так сдержанно относятся к действию Святого Духа? Вероятно, один из решающих факторов этой закрытости кроется в западном мировоззрении, для которого подобные феномены просто чужды. Кроме того общеизвестно, что дарами могут злоупотреблять или нанести непреднамеренный вред. Как и в других областях нашей жизни лучший способ избежать подобных неприятных ситуаций – найти причину и устранить ее. Я уже подчеркивал, что лучше учиться на ошибках, чем отказываться из-за этого от действия Духа Святого. Поэтому перед нами стоит задача испытывать наши духовные дары и развиваться дальше.

Такого рода процесс рассуждения напоминает мне снова и снова работу золотоискателя. Кто хочет найти сокровище, должен перебрать немало земли и грязи, прежде чем доберется до драгоценного товара. Нечто похожее происходит и с дарами. Не все, что встречается при стремлении к дарам (харизмам), является золотом, а в словах, произнесенных человеком, мы находим немало человеческого. И становясь Божьими инструментами, мы остаемся по-прежнему подверженными ошибкам созданиями. Мы должны из сказанного вынести к свету золото. По моему мнению в этом и есть настоящая обеспокоенность Павла, когда он обращается к церкви: применять дары и держаться хорошего, полученного через дары (1 Фес. 5:20).

Наш Господь Иисус Христос передал Своей Церкви драгоценные дары, имевшие большое значение в раннем христианстве. И было бы очень жаль, если бы мы из-за нашего мировоззрения или из страха перед ошибками и неудачами отказались от наших даров (харизм). Лично я решил для себя, что предоставлю место в моей жизни действию Духа Святого!

? ВОПРОСЫ ДЛЯ ЛИЧНОГО РАЗМЫШЛЕНИЯ.

1. Согласно Новому Завету нет ни одного человека без даров. Каждый верующий получил определенную меру благодати, и каждый одарен. Знаешь ли ты свои дары?

2. Если ты не мог ответить утвердительно на предыдущий вопрос, то какая у тебя есть возможность обнаружить свои дары?

3. Что ты думаешь о действии Духа Святого? Стоит ли по твоему мнению о них ревновать или они тебе скорее чужды?

7 ДУХОВНОЕ КРЕЩЕНИЕ

Прежде, чем мы перейдем к подробному рассмотрению духовных даров, необходимо, остановиться на еще одной особенности, имеющей значение в связи с дарами (харизмами). Ее не стоит считать *условием* принятия даров, потому что предпосылка к этому – рождение свыше. Однако эта особенность значима *для раскрытия* даров Святого Духа. После первого переживания – рождения свыше – есть еще один важный личный опыт-переживание, описанный в Библии: крещение в Духе Святом, сошедшем в день Пятидесятницы. Каждый год праздник Пятидесятницы торжественно отмечается верующими всего мира. Особенно те, кто разделяет с первыми христианами личный опыт Пятидесятницы, воспринимает этот праздник как возможность воздать должное характерным признакам своей веры, в частности, – духовному крещению. Некоторые христиане знакомы с Пятидесятницей, но крещение Духом Святым для них не имеет особого значения, потому что они считают, что уже крещены и получили Духа Святого. Какая же тогда необходимость в совершении этого второго, таинственного крещения?

Подобное возражение вполне обосновано. Что же такое на самом деле духовное крещение? Термина «духовное крещение» в Библии мы нигде не встретим. В Новом завете говорится о «крещении Духом Святым». Перед Своим Вознесением Иисус сказал своим ученикам об *обещании Отца*. Он повелел им ждать в Иерусалиме и сказал следующее:

> *...ибо Иоанн крестил водою, а вы, через несколько дней после*
> *сего, будете крещены Духом Святым (Деян. 1:5)*

Наконец-то должно исполниться то, о чем Иисус уже говорил ранее. Об этом нам свидетельствуют все Евангелия (Мф. 3:11; Мк. 1:8; Лк. 3:16; Ин. 1:33). Иисус обращался к тем ученикам, которые следовали за ним три года. Они были близко с Ним знакомы, слышали Его учение, верили в Него и получили уверенность в искуплении и власть. Но им не хватало решающего — быть оснащенными силой Духа Святого, Который должен был дать им способность свидетельствовать об Иисусе (Деян. 1:8). Ученики уже были крещены.

Кроме того они уже приняли Духа Святого от Воскресшего на Пасху Господа (Ин. 20:22). Однако было еще что-то, из-за чего они должны были ждать (Лк. 24:49). Еще было не время покидать Иерусалим и начинать выполнение миссии благовестия. Вместо этого им надо было дождаться обещанного второго личного опыта-переживания с Духом Святым, который им был необходим. Это пророчество свершилось лишь на день Пятидесятницы, когда ученики исполнились Духа Святого (Деян. 2:2-4). Как им было уже сказано, они заговорили на иных языках и получили силу. Последовавшее за этим служение сопровождалось сверхъестественным действием Духа Святого.

Это событие названо Петром исполнением предреченного пророком Иоилем (Иоиль 2:28-31, Деян. 2:15-20). Через него Бог обещал, что в последние дни изольет на Своих последователей Свой Дух особенным образом. Через этот Дух придут сны и пророческие образы. Не всё, о чем предрекал Иоиль, происходило в то время, но в тот день наступил момент, когда сказанное им начало совершаться. Петр не говорит, что пророчество Иоиля полностью исполнилось. Его замечание о чуде происходящего: «это исполняются слова пророка Иоиля», если мы возьмем Новый русский перевод; в Синодальном это же место звучит так: «это есть предреченное пророком Иоилем» (Деян. 2:16).

Скорее у Луки мы находим то, что ближе связано с темой крещения Духом Святым. Павел не внес большого вклада в учение о духовном крещении. И хотя Павел явно о нем не говорит, в прошлом именно его высказывание в 1 Кор. 12:3 неоднократно цитировалось, как подтверждающее существование оного. Однако этот стих трудно использовать как указание на духовное крещение. Но из глав 12-14 первого послания Коринфянам становится ясно, что Павел указывает на такую же явную связь между принятием Духа и силой, как и Лука (Лк. 24:49).

Тот день Пятидесятницы был единственным событием такого рода, как в истории вообще, так и в истории искупления человечества Иисусом Христом. С этого момента началось время Духа Святого. Отныне Бог хочет быть представлен среди людей действием Святого Духа. Дух должен вдохновлять проповедь (1 Кор. 2:1-16;

Еф. 1:17), обличать и о грехе, и о правде, и о суде (Ин. 16:8), вызывать веру (2 Кор. 4:13, Гал. 5:5), обитать в верующих (Рим. 8:9), дарить спасение, уверенность в спасении, осознание того, что именно ты или я – Дитя Божье (Ин. 3:5; Тит. 3:5; Рим. 8:4-16) и распределять дары на созидание общины (1 Кор. 12:14). Можно было бы перечислять дальше, но это последствия воздействия Духа, и они не описывают духовного крещения, которым следует считать событие, пережитое учениками в день Пятидесятницы. И этот личный опыт-переживание, как обетование Отца, согласно Петру обещан всем детям Божьим и сегодня: Тот день Пятидесятницы был лишь однажды, но опыт Пятидесятницы повторяем, и у каждого есть возможность пережить личную Пятидесятницу, если он только об этом попросит (Деян. 2:39; 4:31).

Как-то во время прогулки с одним знакомым я начал разговор об этом обещании крещения в Духе. Я пытался объяснить, что мы сегодня все более и более нуждаемся в снаряжении силой для того, чтобы свидетельствовать. Но мой знакомый сначала отмахнулся:

«Зачем мне это? Я и так дитя Божье». Я ответил, что здесь речь о драгоценном обещании Отца. Он замер, подумал и потом сказал: «Хорошо. Я хочу принять. Здесь и сейчас!» В этот момент мы как раз шли по широко раскинувшемуся кладбищу нашего района. Я оглянулся и предложил ему: «Давай лучше домой пойдем. Там я с удовольствием за тебя помолюсь». Но он упал на колени в готовности принять Божий подарок. Что мне еще оставалось? Я благословил его, и он пережил крещение Духом Святым.

Духовное крещение не может быть самоцелью. Его не раздают как трофей в личную собственность. Если Бог что-то дарит, то оно всегда предназначено для какой-то явной цели. Так и здесь: распространение Евангелия должно совершаться в силе. Как христиане, мы призваны свидетельствовать о нашем Господе – это самое великое поручение.

Мы не должны действовать собственными средствами, но в могуществе Его силы, опираясь на Божьи возможности. Духовное крещение открывает нам дверь к этой силе Духа. Оно делает нас сильными и мужественными, чтобы мы могли уверенно свидетельствовать об Иисусе. Это решающее отличие тогда и пережили ученики Иисуса. После распятия они еще запирались «из опасения от Иудеев» (Ин. 20:19), их печаль и страх были велики. Однако после того, как Воскресший крестил их Духом Святым, они стали смелы и решительны. Даже темница не могла их остановить, и они продолжали говорить об Иисусе (Деян. 5:17-21). Крещение в Духе Святом сделало их совершенно другими личностями.

Эта сила или власть, производимая Святым Духом, необходима, чтобы выстоять в духовном служении и проповедовать Евангелие. Бывает, что кто-то прекрасно образован или обладает специальными знаниями, но если у него не хватает духовной силы, то он недостаточно оснащен.

Мы обоснованно отмечаем, что рождение свыше к новой жизни – это основополагающее творчество Святого Духа. И следующим логическим шагом должно быть *крещение Духом Святым*. Если мы серьезно относимся к тексту Деяний апостолов, мы должны отличать два события друг от друга: сначала люди поверили в Иисуса Христа, а потом были крещены Духом Святым. Эта же последовательность прослеживается, в частности, и в событиях в Самарии и Ефесе (Деян. 8:12-17, 19:1-7). Таким образом, крещение Святым Духом нельзя приравнять к рождению свыше. Точно так же оно не считается какой-то особой формой освящения. Духовное крещение не дает какого-то особенного состояния христианину, чтобы ему нечем было гордиться. Как нельзя его заслужить, так и нельзя считать особым знаком отличия. Никто не может хвалиться тем, что принял крещение Духом Святым.

Я должен еще раз повторить, что не согласен с предположением, что этот личный опыт предназначен только для каких-то духовных лидеров или зрелых христиан.

Духовное крещение открыто всем верующим любого происхождения. Лично я считаю, что наилучшим моментом сказать человеку о духовном крещении является время непосредственно после его покаяния и крещения по вере, как это предлагал Петр своим слушателям после его проповеди на Пятидесятницу (Деян. 2:38). Из текстов Библии невозможно определить, как именно должно проявить себя духовное крещение. Ясно только одно: его последствия не остаются незаметными. Крещение Духом Святым всегда сопровождалось зримыми признаками – как правило, «разными»[22] или «иными» языками (Деян. 2:4, 10:46, 19:6), но и силой (Деян. 4:31), пророчеством (Деян. 19:6), прославлением и возвеличиванием Бога (Деян. 2:11, 10:46). Таким образом, и сегодня, когда люди получают духовное крещение, то, как именно это происходит, зависит от Бога. В любом случае важно не оказывать никакого давления. Остается под вопросом, есть ли помимо рождения свыше еще какие-то условия для того, чтобы христианин принял крещение в Духе Святом. Я думаю, что упование и вера играют большую роль. Только жаждущий напьется, и только тот, кто верит – получит. Кроме этого человек должен быть готов служить и исполнять Великое поручение, потому что духовное крещение – это оснащение силой, которую следует применять по назначению.

Духовное крещение верующего совершается в молитве, и Иисус Христос Сам является при этом Крестителем. Я могу рекомендовать не просить об этом в одиночку. Ученики были собраны вместе, когда на них сошел Дух Святой в день Пятидесятницы. Когда вместе с братьями и сестрами христианин просит о духовном крещении, вера других его укрепляет и поддерживает. Кроме того, наш Господь обещает нам быть посреди нас, когда мы собираемся вдвоем или втроем (Мф. 18:20).

Возможно у кого-то среди окружающих его людей нет такого, кому бы он доверился в наставлении в этом вопросе. Таким братьям и сестрам я хотел бы от всего сердца сказать, что не стоит у каждого просить в этом совета. Я родом из среды евангельских баптистов, и среди них распространено очень критическое отношение к крещению Духом Святым. Поэтому когда я начал интересоваться духовным крещением, некоторые христиане из моего окружения меня предостерегали. Один даже сказал: «Тебе лучше быть осторожнее!

---

22 *В различных переводах на русский язык слово «ἕτερος» переводится как «другой, иной, отличный, различный, непохожий, неведомый». В синодальном переводе в Деян. 2:4 стоит «разные», а в 19:6 – «иные». (Прим. переводчика)*

Как бы тебе не получить злого духа». Однако я решил для себя довериться чудесному обещанию Иисуса:

Итак, если вы, будучи злы, умеете даяния благие давать детям вашим, тем более Отец Небесный даст Духа Святого просящим у Него (Лк. 11:13).

Так будет со всеми, кто искренне просит крещения в Духе Святом. Как часто христиане позволяют лишить себя благословения духовного крещения – причины тому неверие, сомнения, страх перед людьми, другие страхи, равнодушие, безразличие и многое другое. Но кто хочет получить, должен ревновать об этом, и радоваться в предвкушении, как ребенок, который не может дождаться, когда же можно будет развернуть свой подарок ко дню рождения. Ясно одно: духовное крещение бросает вызов нашей вере. Оно делает нас зависимыми от нашего Создателя и действий Его Духа. Но нам стоит понимать, что это чудесный Божий Дар. Чтобы свидетельствовать об Иисусе, мы нуждаемся во всеоружии Божьем, потому что Он хочет, чтобы все люди спаслись (Деян. 2:38, 1 Тим. 2:4). Следует отметить, что Библия помимо уникального крещения говорит также еще об одном личном опыте-переживании — постоянном исполнении Духом Святым (Еф. 5:18). И здесь речь не об «опьянении» Духом, как этот текст иногда ошибочно понимается. Сочетание вина и Духа может склонить кого-то к такому толкованию, но там ничего подобного не сказано. Ефесяне не должны были упиваться вином, как было принято в их окружении на религиозных обрядовых церемониях, но исполняться Духом Святым. Разумеется, Павел имел ввиду собрания для Богослужения или другие совместные мероприятия или ситуации, когда присутствие Духа Святого было ощутимым и Он среди них действовал.

Когда мы позволяем наполниться нашей внутренности Духом Святым, то другие, бесполезные вещи вымываются, и Божий Дух может нас еще более наполнять, формировать и вести. Образ жизни в изобилии силы Святого Духа укрепляет нас для решения наших повседневных задач и направляет к более глубокому пониманию Божьего Слова и Личности Иисуса (Ин. 16:8-11, 14). Таким образом после вознесения Иисуса крещение Духом Божьим является важной частью христианской жизни.

Следующие таблицы предназначены для того, чтобы помочь читателю лучше понять этот второй личный опыт-переживание со Святым Духом на Пятидесятницу. Они служат как структурная помощь и не претендуют на совершенство. Описанные здесь духовные реалии не настолько статичны, как это выглядит на первый взгляд, потому что духовная жизнь находится в постоянном потоке.

ССЫЛКА НА ТЕКСТ	МЕСТНОСТЬ	ОБОЗНАЧЕНИЕ	ПРИЗНАК
Деян. 2:4	Иерусалим	Исполнение Духом Святым	Видимый признак, говорить на иных языках
Деян. 8:17	Самария	Принятие Духа Святого	Видимый признак
Деян. 9:17	Дамаск	Исполнение Духом Святым	Исцеление
Деян. 10:45-46	Кесария	Излияние Духа Святого	Говорить языками
Деян. 19:6	Эфес	Сошествие Духа Святого	Говорить иными языками, пророчествовать

ПАСХА	ДЕНЬ ПЯТИДЕСЯТНИЦЫ
Рождение свыше	Крещение в Духе Святом
Христос в людях	Христос через людей
Действие Духа Святого в людях	Действие Духа Святого через людей
Характер Иисуса	Служение Иисуса
Плоды Духа	Возрастание в Духе
Дары Духа	Возрастание в дарах

? Вопросы для личного размышления.

1. Хотя Духовное крещение освещено в Библии, оно знакомо не всем верующим. Изменила ли эта глава твое мнение по этой теме?

2. Крещение Духом Святым является подарком нашего Господа его свидетелям и оно было необходимостью для апостолов. Однако многие христиане относятся к нему безучастно. Хотел бы ты открыть для себя этот второй личный опыт-переживание Духа Святого?

8 Дары откровений

8.1 Слово мудрости

Давайте более подробно рассмотрим дары Духа, согласно классификации, данной в 6-й главе. В 1 Кор. 12 Павел начинает перечисление девяти духовных даров со «слова мудрости»:

Одному даётся Духом слово мудрости... (1 Кор. 12:8)

Вместе со «словом знания» и «даром различения духов» мы относим «слово мудрости» к трем дарам откровений. Однако что надо понимать под «изречением мудрости»? Для этого надо взглянуть в Библию. В самом начале своего письма Павел пишет о том, как отличать премудрость Божью и мирскую мудрость: согласно мирским меркам проповедь Благой Вести – «слово о Кресте» – юродство (1 Кор. 1:19-27). Поэтому доступ к премудрости Божьей должен быть открыт духовно. Павел подчеркивает, что его учение не человеческое, но основанное на сверхъестественной мудрости (1 Кор. 2:6-7, 13).

Греческое слово, используемое здесь для мудрости, звучит «софиа» (σοφία). Оно означает способность вести себя правильно в различных жизненных ситуациях. Можно было бы еще сказать: мудрость – это прикладное знание. Знание вне правильных поступков – это глупость, юродство. В некоторых переводах можно встретить вариант «дар мудрой речи»[23], например. Однако такой перевод, к сожалению, может ввести в заблуждение, все-таки речь не о «даре мудрой речи», а о «слове мудрости». Точная формулировка важна, потому что указывает на решающую деталь: она показывает, что действие Духа Святого доступно не непрерывно, но избирательно. Это отличие существенно, ведь и речи не может быть о том, чтобы человек обладал полнотой премудрости Божьей. Он получает ее время от времени. Нелепо и предположение о том, что здесь речь о каком-то особом образовании или специальном знании. Слово мудрости дается как проявление Духа Святого (1 Кор. 12:7). Итак, речь

---

23 *Перевод Российского Библейского общества (Прим. переводчика)*

не о личности или его мудрости, но о Духе Святом, который хочет действовать согласно Его суверенной Воле. Поэтому слово мудрости – это не продукт нашего интеллекта, но дар Бога. Кто в нем упражняется, остается под руководством и ведением Всевышнего.

Таким образом человек может обладать интеллектом, знаниями и сообразительностью, но не иметь духовной мудрости. И будут вновь и вновь возникать вопросы, которые его просто перегружают. При всем образовании и уме он будет оставаться во многих случаях в недоумении. Поэтому так благословенно иметь сверхъестественный источник мудрости.

Ибо Господь даёт мудрость; из уст Его – знание и разум...
(Пр. 2:6).

В связи с этим мне вспомнился один трудный разговор, который состоялся у меня несколько лет назад. Один человек, который имел для меня значение, искал моего совета. В тот момент на меня обрушилось множество умных мыслей. Но я чувствовал, что сейчас не нужны ни мое образование, ни книги, которые я прочитал, а нужна премудрость Божья. После разговора я позвонил одному другу и попросил его, поделиться со мной его откровением. Он тут же высказал резкое слово мудрости. В тот же момент мне стало ясно, что я должен был сделать. Я ни в коем случае не хочу отказываться от таких духовно наполненных моментов мудрости.

Однако как может проявляться слово мудрости, и в каких ситуациях оно необходимо? Я убежден, что это «как» вызывает в нас больше любопытства, чем «что» и «для чего»; возможно и потому, что Библия не так уж много слов говорит о том, «как». Библия сообщает о нескольких событиях, когда в конкретных ситуациях применено слово мудрости: например, написано, что диакон Стефан в споре с некоторыми критиками говорил в Духе и мудрости (Деян. 6:8-10). Он мог так действовать, потому что находился под руководством Духа Святого. Но как именно Святой Дух его направлял и вдохновлял, мы не можем узнать. Возможно Он вкладывал ему слова прямо в уста или направлял его мысли. А может быть, Он наделил сердце Стефана внутренней уверенностью, которую тот выразил таким образом. Иисус тоже часто отвечал с неподражаемой мудростью – например, на вопрос о том, как платить подать кесарю (Лк. 20:24). И здесь точный путь вдохновения остается для нас неизвестным.

Я думаю, что слово мудрости может проявляться самыми разными способами, потому что Дух Святой обращается к нам по-разному. Он может напомнить, например, Слово Божье (Ин. 14:26, Пс. 118:105) или пленить нас изнутри (Деян. 2:16-18); Он может также направлять наше мышление и речь (Рим. 8:14, Гал. 5:18) или давать нам видения, сны, образы и ощущения (Деян. 2:16-18). Божий Дух обладает неограниченными возможностями, если речь о том, чтобы нас достичь. Одно можно сказать точно: Он обращает внимание на Себя, и когда Его действие проявляется, оно прежде всего отличается от всего собственного, человеческого и привычного.

Важно осознавать, как сильно нам нужна мудрость Божья – как для жизни в общине, так и для повседневной. Когда возникают трудности и непреодолимые проблемы, нас вдохновляет Дух Святой, поскольку нам нужны ответы, которых не найти человеческими путями. Чтобы созидать и назидать общину, необходимы слова мудрости. Они хранят нас от разделений, утишают штормы, ведут к правильным решениям и вскрывают неправильные пути – и это лишь немногие из многочисленных благословений. Кроме того мудрость Божья учит нас правильному поведению и жизненным изменениям в Божьем благоволении; она помогает нам в моменты важнейших решений и развивает способность здраво рассуждать (1 Кор. 6:5; Еф. 5:15; Кол. 1:9, 4:5; Иак. 3:13). Нам нужны побуждения от Святого Духа, иначе мы будем жить лишь опираясь на накопленное богатство нашего собственного ограниченного жизненного опыта. Мы зависим от готовности учиться, а иногда и от готовности все полностью переосмыслить.

В притчах Ветхого Завета, образовывающих литературное ядро библейской мудрости, настоящая мудрость стоит в тесной связи с близостью с Богом. Когда человек живет в страхе Божьем, он начинает процветать (Пр. 9:10). Мудрость ведет к проницательности, пониманию, рассудительности, способности принимать решения и быть готовым к исправлениям (напр. Пр. 1:5, 3:7, 4:5, 8:12, 10:8). В ком запечатлелась Божья мудрость, тот миролюбив, дружелюбен, уступчив, милосерден и искренен (Иак. 3:17-18). Поэтому мы должны желать ее и позволить ей питать наше внутреннее я. Если мы питаемся неподходящей для нас пищей, могут потребоваться дни, чтобы переварить неверное питание. То же самое и с пищей духовной: поэтому мы должны быть внимательными к тому, чтобы насыщаться Божьей мудростью. Такое поведение наполняет нашу жизнь и вдохновляет (Рим. 8:11-14).

Как духовный дар с точечным действием, слово мудрости может вероятно выглядеть малозначительным. Однако как раз тогда, когда верующий несет ответственность, ему этот дар требуется часто. Я вспоминаю множество заседаний, на которых мы, являясь старейшинами общины, не могли распознать верный путь. В такие часы именно слово мудрости, произнесенное вовремя приносило облегчение. Наконец-то мы знали, что делать, и наша беспомощность будто изгонялась. И в отношениях с моими близкими я часто бывал в полном тупике. После того, как я применял все советы из соответствующей специальной литературы, и каждый из них был безуспешен, мы просили Господа о мудрости, как написано в послании Иакова (1:5). Когда нам становилось ясно как действовать, мы часто спрашивали себя: «Почему нам сразу не пришло в голову — спросить Бога?»

Поэтому я присоединяюсь к Павлу и Иакову в том, чтобы призвать каждого верующего, не только тянуться к дару слова мудрости, но ко всей Божьей мудрости (1 Кор. 12:31, 14:1; Иак. 1:5)

8.2 Слово знания

Мудрость и знание на языке Библии подобны паре обуви, в которой один не может без другого. Недаром в своем списке даров Павел упоминает слово знания сразу за словом мудрости.

Одному даётся Духом слово мудрости, другому слово знания, тем же Духом... (1 Кор. 12:8)

И снова здесь говорится не о «даре познания», как будто человек мог бы постоянно и всеохватывающе понимать суть вещей. Речь также не о даре воспроизведения знаний, какой бывает у личностей с учительским даром. Речь именно о «слове знания». Здесь снова явно точечное проявление духовного дара: в определенных ситуациях человек получает через духовное вдохновение слово с небес.

Речь о какой-то минимальной части, а не о всей полноте Богом данного знания — подобно как одна жемчужина не образовывает жемчужное ожерелье, оставаясь лишь небольшой его частью. Знание всегда штучное произведение (1 Кор. 13:9). Такой взгляд учит нас как смирению по отношению к себе, так и пониманию в отношении других.

Написано, что слово мудрости «дается Духом» («δια του πνευματος» – dia tou pneumatos), и слово знания дано «тем же Духом» («κατα το αυτο πνευμα» – kata to auto pneuma). Разница мала, но не ничтожна: слово знания следует, как правило, в согласии с характером Святого Духа. Поэтому слово знания всегда подтверждает богодухновенное Божьим Духом Священное Писание и ставит его впереди (2 Тим. 3:16; 2 Петр. 1:21). То, как еще применяет Павел слово «знание, познание» (Рим. 15:14; 1 Кор. 1:5)[24], позволяет заключить, что слово знания или слово познания дает более глубокое понимание отдельных отрывков мест Писания. Оно освежает Слово Божье, показывает взаимосвязи и вкладывает новый смысл в содержание. В то время как слово мудрости дарит практический выход из трудной ситуации или положения, слово знания открывает библейские взаимосвязи, которые важны в настоящий момент.

Когда в истории церкви наступали времена потери важных знаний, Бог всегда заново открывал Свою истину через людей. Один из известнейших примеров – реформатор Мартин Лютер, среди мно-

---

24 Греческое слово «γνῶσις» (gnōsis) переводится как «знание, ведение, познание, понимание, разумение». И если в 1 Кор. 12:8 Синодальный перевод использует русское слово «знание», то в приведенных здесь местах используется слово «познание», хотя в греческом стоит одно и то же слово «γνῶσις» (gnōsis) . В переводе Десницкого это место Писания звучит так: «Одному дается слово мудрости, а другому – слово познания от Того же Духа» (1 Кор. 12:8). Его же перевод Рим. 15:14: «И сам я уверен в вас, братья мои: вы причастны благу и обладаете всяким знанием, так что можете сами наставлять друг друга» (Прим. переводчика).

жества других личностей и движений обновления можно назвать – Джона Уэсли, методизм, баптизм, пятидесятническое движение.

Я вспоминаю ситуацию, когда мы, как руководители общины, должны были принять решение, которое считали приемлемым в той ситуации. Однако наше внимание привлекло одно место Писания из Нового Завета и его значение, которого до этого момента мы и не знали. На основании Священного Писания мы пересмотрели наше заключение и таким образом были сохранены от ошибочного решения. Я хочу еще раз привлечь внимание к тому, что слово знания не является интеллектуальным знанием, которое можно накопить благодаря усердию и учебе. Речь идет о духовном прозрении. Святой Дух одновременно инициирует и открывает что-то, как в известном библейском примере, когда Иисус говорит об исповедании Петра о Христе:

...не плоть и кровь открыли тебе это, но Отец Мой, Сущий на небесах... (Мф. 16:17)

В описанном здесь прозрении ученика было не человеческое познание, Петр получил и передавал откровение от Бога. Такие инициированные Духом озарения нам тоже нужны в нашей церковной и личной жизни, особенно, если мы слишком склонны полагаться на наш интеллект. С другой стороны, словом знания непозволительно заменять основательное изучение Библии. Напротив, наша дисциплина и жажда по Слову Божьему, должны возрастать. Нам нужно и то, и другое, тем более, что Дух Святой – великий «Напоминатель» Слова Божьего (Ин. 14:26), а для этого в наших сердцах должно быть то, что Он может напомнить. Поэтому так важно не противопоставлять друг другу слово знания и изучение Библии: не «либо, либо», но «и то, и другое»! Познание и мудрость должны соединяться вместе как один сапог с другим в паре. Вместе они и есть те самые «два сапога – пара», в которой мы так нуждаемся для дальнейшей дороги. Познание без применения малорезультативно. В некоторых моментах моего пасторского служения Дух Святой открывал мне, что я руководствовался не столько моим призванием, сколько нуждами, которые я видел. А с другой стороны, я бы не мог удовлетворить все потребности (и никогда не смогу). Сколько раз в моей жизни я стоял перед вызовом, сделать что-то с позиции такого знания. Чтобы увидеть ситуацию целиком, мне нужно было знание, но чтобы ее поменять, необходима мудрость. Едва ли найдется человек, который никогда не попадал в подобный переплет. Каждый, хотя бы раз в жизни, попадает в безвыходную ситуацию, из которой, казалось бы, не видно просвета. И тогда ему нужна не только Божья мудрость, но и знание. Как хорошо, что и то, и другое может задействовать обитающий в нас Святой Дух.

Познание – это тоже озарение. Когда я вхожу в темное помещение, то сначала не могу что-либо различать. Но как только я включаю свет, я получаю реальные данные о состоянии помещения: тогда я вижу, что передо мной, и куда могу двигаться. Мы приобретаем познание там, где Божий Свет проливается во тьму нашей ситуации. Поэтому познание связано с проницательностью, разумением и способностью рассуждать.

Как-то я беседовал с человеком, сбитым с толку. Он чувствовал себя так, будто бы потерял ориентацию. Ночью ему снилось множество снов, и его не покидало ощущение, что Бог хочет что-то сказать. Но что должны были означать эти сны? Он хотел, чтобы я истолковал их. Но гораздо лучше просить Господа о познании и откровении. Он дает с удовольствием. В моей жизни я часто сталкивался с тем, что Бог говорит через сны или сверхъестественное наитие, давая потом необходимое знание, чтобы Его слова могли быть правильно поняты. И все же не все сны от Господа. Так я и сказал человеку и рекомендовал просить у Бога знания и... терпения. Ведь когда у нас нет ясности сразу, нам надо практиковаться в долготерпении. Не все сразу становится ясным и понятным. Известный философ Сёрен Кьеркегор прекрасно сформулировал это так: «Живем мы вперед, но понимаем многое задним умом».

Познание – это всегда вызов. Есть две опасности, с которыми сталкиваются духовные руководители. Первая состоит в том, что знание можно потерять. В книге пророка Осии 4:6 Бог обращается к священнослужителям:

> *Истреблен будет народ Мой за недостаток ведения[25]: так
> как ты отверг ведение, то и Я отвергну тебя от священно-
> действия предо Мною...*

Это очень суровые слова. Священники принадлежали в прежнем Израиле к духовным вождям. Они были ответственны за духовное благосостояние народа. Однако из-за пренебрежения к Богу и Слову Божьему они потеряли ведение, необходимое знание для своего служения. Иисус тоже сказал однажды о фарисеях и книжниках, которые более хотели придерживаться собственного, нежели Божьего разумения: «слепые вожди слепых» (Мф. 15:14). Из этого становится ясно, что знание Божьего Слова имеет особое значение для руководителей и, следовательно, до́лжно всегда желать и искать его.

Вторая опасность по отношению к познанию, совершенно противоположная, заключается в том, что мы считаем, что полученного откровения достаточно, однако знание может надмевать, как мы читаем в 1 Кор. 8:1. При формировании первых христианских общин было много лжеучителей со своеобразным знанием. Многие из таких искаженных учений собраны под общим условным названием гностицизм (от греч. «гносис» — знание). О таких гностиках, с их специальными тайными знаниями, вносившими путаницу, предупреждает Павел:

> *О, Тимофей! храни преданное тебе, отвращаясь негод-
> ного пустословия и прекословий лжеименного знания...
> (1 Тим. 6:20)*

И здесь апостол использует очень резкие слова. Однако они должны были защитить его ученика Тимофея от бесполезных дискуссий с такими личностями. Такие слова должны нас предостерегать и защищать от желания выступать с такими специфическими учениями или надмеваться. В основном, познание — это нечто положитель-

---

25 Там, где в Синодальном переводе стоит слово «ведение» в Септуагинте на греческом снова стоит слово «γνῶσις» (gnōsis) (см. предыдущую ссылку), а в арамейском «דעת» (daʿath) – (по)знание, ведение, умение, разумение. В немецком тоже используется слово Erkenntnis – «познание, знание». В Новом русском переводе это место переведено следующим образом: «Мой народ истреблен из-за недостатка знания. Как вы отвергли знание, так и Я отвергну вас, Мои священники» (Прим. переводчика).

ное. Как всегда решающее значение имеет правильное обхождение с такими вещами. Даже самое лучшее питание может погубить человека. Поэтому, чтобы дары стали благословением для нас и для других через нас, мы должны фокусироваться на Христе. В Колоссянам 2:3 стоит, что в Нем «сокрыты все сокровища премудрости и ведения». Итак, настоящее познание и ведение мы находим, когда ищем Христа и имеем с Ним общение. Он научает нас правильному обхождению с этим.

На мой взгляд, познание – это не только проницательность, разумение и эрудиция. Библия открывает для нас еще одно смысловое измерение: побуждение нас к все большему и постоянному познанию Самого Бога.

Я мог бы сказать, что после 42 лет совместной жизни довольно хорошо знаю свою жену, но не только потому, что я знаю что-то о ней, а потому что я осознанно интересовался всей ее личностью. Благодаря нашим близким отношениям я мог познакомиться с ее сильными и слабыми сторонами, ее желаниями и страхами, ее целями и сомнениями. То же самое действительно и для моей жены. В какой-то момент покоя она сказала мне: «Ты дышишь необычно. Расскажи, что тебя тревожит». Даже по тому как я вздохнул, она поняла, что у меня что-то происходит. Насколько более Святой Дух хочет вести нас к познанию Бога. Павел пишет в послании Ефесянам, что мы должны расти, чтобы становиться зрелыми и достаточно взрослыми для своих решений (Еф. 4:13). Он хочет побуждать нас не просто накапливать все больше теологических знаний, но чтобы мы глубже постигали Божье естество. Знать что-то – не то же самое, что быть с этим знакомым. Просто собирая информацию, я мог бы узнать как устроено фортепиано, но это ничего бы не сказало о моем знакомстве с музыкой и уж тем более о способности играть на инструменте.

Кто ближе знакомится с Божьим естеством, открывает и себя, потому что богопознание ведет к самопознанию. В Его Свете мы замечаем наши тени. В тишине встречи с Ним нам открывается Его взгляд на нас. И в Его благодати мы находим прощение. Слово Божье для нас подобно зеркалу (Иак. 1:23). Кто всматривается в него, приобретает не только знание о Боге, но и о себе.

Апостол Иоанн заходит так далеко, что соединяет познание с любовью (1 Ин. 4:7-8). Подобную связь мы видим и в Ветхом Завете: в нем для самого интимного момента отношений между мужчиной и женщиной используется слово «познать» (см. Быт. 4:1). Именно в Ветхом Завете познание рассматривается не как сугубо интеллектуальный процесс. Наиважнейшим органом познания называется сердце, которым человек не только чувствует и ощущает, но и размышляет и понимает (см. Вт. 8:5; Пр. 18:15). Кто хочет расти в духовном познании, должен следить за близкими отношениями с Богом и любить все более и более Его естество – внутри от сердца к сердцу, от Духа к духу. То же относится к дару слова знания, в конце концов, возникает вопрос – как использовать его с пользой. Как и все другие дары (харизмы) он дается к назиданию (1 Кор. 14:12) – это и есть цель, которую мы должны иметь в виду. Когда я молюсь за людей, у которых сильные боли в спине, я могу злоупотребить обычными знаниями, чтобы кормить их непрошенными советами: «Тебе надо больше заниматься спортом! Почему ты столько ешь? Долгое сидение за компьютером не прибавит тебе здоровья». Такая форма поддержки не была бы ни мудрой, ни ободряющей. Откровения, которые нам дает Дух, необходимо передавать с уважением, терпением и благожелательностью. Когда знание соединяется с любовью, мы находим правильный путь, как правильно говорить на щекотливые темы. Ведь как спасение от слова, так и погибель тоже от слова. Знание прекратится, а любовь пребудет вечно. Поэтому она остается наиважнейшим из всех даров. (1 Кор. 13:8-13)

8.3 Дар различения духов

Управление рисками в коммерческих предприятиях является одной из важнейших задач уровня высшего руководства. Вопрос о том, как своевременно распознать риски и предотвратить потенциальный ущерб играет огромную роль. В повседневной жизни мы тоже знакомы с системами раннего оповещения – например, из дорожного движения или метеорологии. Дар различения духов можно описать как своего рода систему раннего оповещения на духовном уровне. С моей точки зрения она жизненно необходима для общины. Однако она редко применяется — возможно, потому, что ею легко злоупотребить.

В Новом Завете в первом послании Коринфянам 12:10 для слова «различение» используется греческое «diakrisis» (διάκρισις). Его можно перевести как «разделение, решение, суждение». Павел часто использует этот термин в первом послании Коринфянам. Самое известный отрывок в связи с этим словом встречается в повествовании об установлении Евхаристии (Причастия). Апостол упрекает определенных братьев и сестер в том, что они не в состоянии правильно рассуждать о Теле Господнем и считают причастие обычной трапезой (1 Кор. 11:29). Текст показывает, что «рассуждать» или «различать»[26] означает рассмотреть что-то по отдельности, затем проверить и, в конце концов, вынести вердикт. Такая задача влечет за собой высокую ответственность.

При этом надо отметить, что эта проверка в рамках действия дара (харизмы) различения не то же самое, что оценка служения в духовных дарах вообще. Конечно, служение в духовных дарах (например, пророчество) тоже должно быть испытано (1 Кор. 14:29; 1 Фес. 5:21). Однако дар (харизма) различения, на мой взгляд, проверяет духов, а не духовные дары (хотя многие пытаются использовать множественное число в «различении духов» в этом смысле). Конечно, очень полезно, если братья и сестры, которые, например, испытывают пророчества, имеют дар различения духов. Однако здесь речь о большем: цель не только в том, чтобы испытывать, от Духа ли Святого что-то или от человека по его собственной воле, но и распознать возможную примесь другого духа. Дело в том, что не

---

26 *«Ибо кто ест и пьет недостойно, тот ест и пьет осуждение себе, не рассуждая о Теле Господнем» (1 Кор. 11:29). Там, где в Синодальном переводе стоит «рассуждая» в греческом употребляется слово «διάκρισις», как и в 1 Кор. 12:10, которое переводится, как «разделять, разводить, разлагать; различать, отличать; рассуждать, судить, определять, решать, разбирать…» (Прим. переводчика).*

все сверхъестественное приходит от Бога. Злые духи реальны. Библия не умалчивает об этом и использует для них то же слово, чо для духа человеческого или Божьего Духа: пневма (Pneuma – πνεῦμα). Слово «пневма» употребляется как для всех сверхъестественных существ, так и для внутренней жизни человека.

СЛОВО «ДУХ» (ПНЕВМА) В НОВОМ ЗАВЕТЕ ОБОЗНАЧАЕТ
Дух Святой
Дух человеческий (Мф. 26:41; 1 Кор. 2:11)
Божьи ангелы (Евр. 1:14)
Начальства, власти, мироправители (Еф. 6:12)

И хотя сатана не называется в Новом Завете духом, его можно без сомнения отнести к духовным существам и воспринимать таковым.

Силы тьмы обладают властью, правят тайно и могут творить чудеса. Иисус и Его ученики часто противостояли злым духам, которые действовали в других людях или через них. В Новом Завете есть много подобных столкновений, которые можно было бы рассмотреть, но не этот вопрос является темой книги. Поэтому я хотел бы привести лишь один яркий пример из жизни Павла. Со своими соработниками он был проездом в Филиппах, за ними несколько дней подряд ходила прорицательница и кричала: «сии человеки – рабы Бога Всевышнего, которые возвещают нам путь спасения». Ее слова соответствовали истинному положению дел, однако Павел распознал в ней дух прорицания и приказал ему оставить женщину (Деян. 16:16-18). Она тут же стала свободной.

Очевидно Дух Святой активировал в апостоле систему оповещения об опасности, и хотя не было никакого основания, чтобы обвинить женщину во лжи, у Павла были веские причины, чтобы заставить ее замолчать. Правда, он принес экономический ущерб ее владельцам, которые зарабатывали на ее прорицаниях деньги, за что он и Сила были наказаны. Это было все же меньшим злом. Павел, скорее всего, спас раннюю церковь от дальнейшего ущерба. Ведь если бы он признал слова этой женщины, которая на первый взгляд не говорила ничего неправильного, то ей, остававшейся прорицательницей, возможно, открылись бы дальнейшие двери в христианских кругах. Большинство слушателей, вероятно, могли и не узнать троянского коня, когда женщина вошла бы в церковь, повторяя те же слова. Кроме того Павел, испытывая духов и действуя смело, был в состоянии помочь женщине, восстановив ее. Он разоблачил злого духа и тем самым раскрыл вводящую в заблуждение маскировку врага. И стало понятно, что лишь Бог достоин Славы, а не сатана и его демоны.

В этом Павел может быть для нас большим примером. При всей чувствительности к проискам тьмы я придаю поэтому большое значение тому, чтобы мы при служении в духовных дарах фокусировались на победе Иисуса на Кресте. Лишь Ему принадлежит вся слава и честь. Некоторое время назад я разговаривал с одним человеком, который на мой взгляд был слишком сосредоточен на власти зла. Я сказал ему: «Ты уделяешь врагу очень много внимания. Это слишком большая честь для него – честь, которой он не заслужил! Концентрируйся на Божьих возможностях, а не на сражении». Мы живем и служим в пределах Божьей победы. Определенно, как христиане, мы находимся в сражении (Еф. 6:12), но как последователи Иисуса Христа мы на стороне Победителя. Поэтому нам не очень поможет, если мы будем слишком много заниматься проигравшей стороной.

Подведем итог. Тот, кто служит в силе Святого Духа в даре различения духов, должен испытывать и распознавать действительно ли Бог стоит за словом, поведением или мотивом человека. Различение может опираться на следующие критерии:

- Будет ли Бог прославлен?
- Будст ли превознесен Иисус и Его искупительная жертва?
- Подтверждается ли Божье Слово?
- Созидается ли церковь?
- Приблизит ли это кого-то к Богу?

Человек, который хочет действовать с Духом Святым в этом даре различения, нуждается в высоком уровне духовной зрелости и глубоком понимании Божьего Слова. Масштабом в испытании ему должны служить не его собственное ощущение, личное мнение или собственные пристрастия. Решающим является то, что говорит Бог в Священном Писании или открывает Своим Духом. Кто хочет быть употребляем в различении духов, должен быть готов к общению и обмену мнений с другими одаренными в этом. Действовать в одиночку в этом служении нельзя. Никто из нас не может претендовать на то, что он единственный, у кого верный взгляд на все взаимосвязи. Поверить в это – первое заблуждение. Кроме того каждый, кто служит даром различения, должен осознавать, что суждение и осуждение в полшаге друг от друга. Бог не дает Свои дары, чтобы мы могли возвыситься над нашими братьями и сестрами или кого-то дискредитировать. Своими дарами Он преследует благие цели. Даром различения духов Он хочет благословить нас и созидать Свою Церковь.

Все повествование Библии указывает нам на реальность духовного мира, а значит и злых дел сатаны. Он и его демоны хотят из тьмы проникнуть в жизни людей и принести разрушения. Однако тот, кто отдал свою жизнь Иисусу Христу и идет с Ним, находится на победившей в этом сражении стороне, потому что Божий Сын разрушил дела сатаны (1 Ин. 3:8). Своей смертью на Кресте Он лишил дьявола власти и хочет вывести на свободу всех порабощенных (Евр.2:14). Дар различения духов содействует тому, что свет одерживает дальнейшую победу над тьмой.

Не всегда сразу понятно, имеем ли мы дело с Царством света или царством тьмы, потому что дьявол принимает вид Ангела света (Мф. 24:24; 2 Кор. 11:14). Он мастер фальсификаций. Поэтому церковные общины нуждаются в людях с даром различения духов. Для испытания духов требуется навык и зрелость в вере (Евр. 5:14). Исключения лишь подтверждают правило и в данном контексте, но духовное до́лжно судить духовно. Для этого необходима духовная чуткость. Речь не о молниеносном решении, основанном на чувствах, а о принятии обоснованного решения после нескольких шагов проверки и взвешивания. Как такой процесс может выглядеть, я хотел бы показать на примере следующих практических шагов:

4 СТАДИИ ПРОЦЕССА ИСПЫТАНИЯ

Предположим, что ты находишься в конкретной ситуации, требующей служения дара различения духов. Тогда процесс испытания может пройти следующие четыре стадии:

1. Беспокойство

Сначала к тебе приходит ощущение, что что-то не так. В тебе возрастает дискомфорт. Возможно, перед глазами возникает какая-то картина или образ. Может быть, ты ощущаешь также какое-то побуждение. В любом случае нечто появляется на экране твоего «духовного радара» (Деян. 5:3). Ты осознаешь, что перед тобой задача испытать духов (1 Ин. 4:1). Ты реагируешь на внутреннее беспокойство и принимаешь его во внимание.

2. Взвешивание

Затем ты задаешься вопросом: «То, что я ощущаю сейчас, относится к моим личным переживаниям или Бог действительно хочет привлечь мое внимание к чему-то?» Так начинается процесс внутреннего взвешивания. В этот момент необходима осторожность, потому что нечто непривычное тебе не всегда означает активность злых духов. Божье действие тоже может нам показаться странным. Он стоит над нашими привычками, возвышаясь над тем, что нам нравится или вписывается в наши представления. Однажды Иисус пришел по воде к своим ученикам, находящимся в лодке. Ничего удивительного, что такое появление для них было крайне необычным. Они приняли Иисуса за призрака (Мф. 14:26), Он тут же воззвал к ним, чтобы они не боялись! Как и ученики, мы не должны быть сбиты с толку Божьими действиями.

3. Уверенность

После того, как внимательно прислушался и проверил ситуацию Божьим словом, ты достигаешь внутренней уверенности. Важно, чтобы твой конечный вывод вписывался в рамки толкования Священного Писания. По возможности, тебе стоит уточнить это с присутствующими духовными руководителями или другими зрелыми христианами. Такое поведение сохранит тебя от небезопасной самодеятельности. Полученная таким образом ясность придаст необходимую решимость для действий.

4. Противостояние

Ты противостоишь духу и выносишь его на свет. При этом очень важно, как именно ты действуешь: Истину необходимо говорить в любви (Еф. 4:15-16). Кроме того, речь идет не о том, чтобы привлечь внимание к злому духу или его проявлениям. Единственно важным является намерение Бога через этот дар увещевать и ободрять. Люди, чьи интересы могут быть при этом затронуты, не должны быть скомпрометированы. Цель — приобрести их и восстановить.

Таким образом, дар различения духов служит не для произвольной оценки ситуации или людей. Речь о том, чтобы дела зла вынести на свет, воздать Богу всю славу и созидать Божью общину. Особенно в наше время, когда интерес к спиритическим и оккультным силам огромен, мы остро нуждаемся в даре различения духов. Большинству людей в окружающем нас обществе чужда эта часть невидимого мира. Зачастую широко распространенное невежество в этом вопросе ведет к тому, что эта сторона оказывается полностью скрытой. Как христиане мы являемся частью нашего общества и находимся в опасности неосознанно перенимать те же парадигмы и типы мышления. Поэтому Павел призывает римлян преобразоваться обновлением ума (Рим. 12:2). В этом смысле я хочу ободрить моих читателей осознать реальность враждебного мира. Нам позволено смело стремиться к тому, чтобы быть частью Божьего духовного «служения стражей» и с мудростью и доверием к Богу защищать то, что любит Бог.

9 Дары силы

9.1 Дар веры

В новой главе мы подробно рассмотрим три дара силы, перечисленные Павлом в 1 Кор. 12: дар веры, дары исцеления и дар действия силы[27] или чудотворения. До того как мы приступим к подробному разбору дара веры, полезно взглянуть на небольшое исследование, показывающее в каких аспектах Библия говорит о вере. Таким образом, мы создадим для себя лучший подход к понятию, которое знакомо большинству из нас, но часто кажется абстрактным или лишенным содержания.

В Ветхом Завете наиболее часто для обозначения веры используется слово «'âman» («אָמַן»). Оно, конечно же, ведет нас к столь знакомому нам слову «аминь», которое означает «воистину», «да будет так». Дословный перевод слова «āmén» – «прикрепиться». В Быт. 15:6 написано: «Аврам поверил Господу, и Он вменил ему это в праведность». Мы могли бы это перевести: «Аврам прикрепился к Господу…» Это действительно для множества основных мест Ветхого Завета, которые говорят о вере (Исх. 4:1-9; Пс. 12:6; Пр. 11:13; Ис. 28:16 и т. д.). Значение этого слова в Ветхом Завете часто напоминает мне альпиниста, который защелкивает карабин в скальный крюк. Так он страхует себя от срыва или соскальзывания.

В Новом Завете для определения веры чаще всего используется греческое слово «πίστις» (pistis). Главное его значение «доверие». Поэтому под этим словом в первую очередь подразумеваются отношения, а не познание. Тем не менее «вера» (pistis) в классическом греческом касается интеллекта. Поэтому для нас важны оба аспекта.

---

27 *В Синодальном переводе (1 Кор. 12:10) написано: «иному чудотворения», в других же переводах стоят иные формулировки, например «одному – действия сил» – такой перевод используется, например, в немецком переводе Schlachter и в Открытом переводе на русский язык. «Одному – чудодейственные силы» стоит в Новом русском переводе, «другому же – сила, являемая в чудесах» – в переводе Еп. Кассиана, «другому – силы к совершению чудес» – в переводе под редакцией Кулаковых (Прим. переводчика).*

Как эмоциональное доверие, так и более рациональное «считать за истину».

Вот почему проповедь Евангелия должна касаться и чувств, и разума!

Отметим, что вера в Библии в первую очередь имеет в виду доверие по отношению к Богу. Она описывает отношения человека с Богом, основанные не только на доверии, но и на размышлении. Вера дает стабильность, потому что она себя «прикрепляет» к Богу и Его Слову. В Новом завете вера раскрывается в трех дополнительных измерениях, в каждом из которых Святой Дух играет решающую роль.

1. Вера как проводник Святого Духа

Через слышание Слова Божьего человек может прийти к вере (Рим. 10:17; 1 Кор. 15:2,11; Еф. 1:13; 1 Фес. 2:13). Кто доверяет Благой Вести об искуплении, основанном на смерти и воскресении Христа, тот принимает как прощение грехов, так и обетование вечной жизни (Ин. 3:16; Рим. 1:17, 6:8, 10:9; 1 Кор. 15:3-17). Это вера, которая спасает. Человек не совершает ничего, он принимает уже совершенное Христом.

Как уже говорилось, свершение этого — работа Святого Духа. Он уполномачивает проповедника, открывает смысл послания, приводит слушающего к пониманию греха, праведности и суда и, наконец, поселяется в верующем

2. Вера как плод Святого Духа

Библия говорит не только о том, что люди лишь *становятся* верующими, но и о том, что они *живут* по вере. Жива ли вера, показывают не столько слова, сколько, и прежде всего, дела (Тит. 3:8; Иак. 1:22, 2:17). Веровать – это не статическое состояние, а активная жизненная позиция. Когда меня призвали в советские военно-воздушные силы, то майор сказал мне: «Солдат Юстус, мне уже встречались те, кто о своей христианской вере рассказывал. Посмотрим, ведешь ли ты себя соответственно своей вере».

Как и мой майор, я убежден, что настоящая вера всегда будет видима. Это не бездейственный, ни к чему не обязывающий титул, который кому-то вручили, но он никак не отражается на жизни этой личности. Однако видимые признаки веры должны исходить не из собственных стремлений, а из силы Святого Духа. Дерево, вероятно, можно узнать по шелесту его листьев, но лучше по плодам. Таким образом видимая вера в жизни христианина является плодом Духа Святого (Гал. 5:5). В послании Галатам греческое слово «pistis» переведено как «верность», потому что верность — это живое доверие.

По моим наблюдениям некоторые христиане очень сильны в исповедании своей веры, но довольно слабы в ее осуществлении. Однако вера должна быть практичной. Бог хочет нас формировать, корректировать, менять, вдохновлять, развивать и многое другое.

Если я говорю моей жене, что люблю ее, но никакими делами эту любовь не подтверждаю, то мое признание в любви не так уж и достоверно. Какой смысл в красивых словах, которые не ощутимы в повседневной жизни? Так и вера без плодов промахивается мимо цели. Она должна быть не просто устным исповеданием, но живым поступком.

3. Вера как харизма Святого Духа

И, наконец, мы находим в Библии веру как духовный дар (1 Кор. 12:9). Такая вера отличается от уже упомянутых типов, поэтому многие авторы называют ее еще особой верой. Как и другие дары (харизмы) Святого Духа, которые мы рассматривали до этого, этот дар тоже действует через Духа Святого избирательно и ситуативно. Как уже было отмечено, никто из людей не может такую веру производить сам. Такое осуществляет Святой Дух. Но возникает вопрос, для чего нужен вообще дар веры, если человек уже спасен по вере, и плод Духа Святого произрастает в его жизни постоянно. Чтобы прояснить это взаимоотношение, я хочу обратить внимание на замечательный аспект дара веры, который наблюдается в следующей главе послания Коринфянам (1 Кор. 13:2; на мой взгляд Павел здесь говорит о вере как духовном даре). Апостол характеризует здесь веру явно как дар, у которого есть потенциал перемещать горы:

Если имею дар пророчества, и знаю все тайны, и имею вся-
кое познание и всю веру, так что могу и горы переставлять,
а не имею любви, – то я ничто.

Иисус говорит о вере, способной двигать горы (напр. Мф. 21:21; Мк. 11:23). Видимо, Дух Святой дает человеку способность таким даром (харизмой) буквально ввергать гору в море – убирать препятствия с пути. Речь не о том, чтобы прекрасные Альпы исчезли с лица Земли, но об образе победы над блокадами и трудностями. Дух производит этим даром революционную веру: непоколебимое доверие действенной Силе Божьей и твердый расчет на Его вмешательство. Этот дар проявляется, когда мы не можем идти дальше, потому что заперты со всех сторон на своем пути. Среди причин могут быть конфликты в личной или церковной жизни, трудности на рабочем месте, финансовые нужды, болезни или безвыходные ситуации, когда исцеление маловероятно.

Дар веры может проявляется как благословение и в отношении Царства Божьего, например, когда мы в трудном положении, и необходимо победить страхи и сомнения, начать какую-то особенную инициативу, основать общину в неизвестном месте, или когда община нуждается в особом вдохновении и смелости для большого проекта (Деян. 27:25). В Библии этот особенный тип веры появляется в различных местах. Иаков пишет о том, что молитва веры исцелит болящего. В этой связи он вспоминает о пророке Илии. Он был таким же человеком как мы. Однако когда в конкретной ситуации он молился, исполненный веры, его молитва была услышана (Иак. 5:15-17). Так же и Петр вступился, полный веры, за уже умершую Тавифу. Бог услышал его молитву и воскресил ее (Деян. 9:40). О такого рода вере часто говорится в Деяниях апостолов после дня Пятидесятницы.

Так же мы знаем и ситуации, когда перед нами возвышаются горные склоны. Однако когда Дух Божий пробуждает в нас дар веры, мы становимся способными двигать горы. Будьте внимательны! Мы не можем произвести в себе эту веру, мы должны ее получить. Это не форма позитивного мышления или что-то подобное, речь не об этом. Точнее сказать – это Богом приготовленные дела, в которых нам надлежит ходить (Еф. 2:10). И кого Бог уполномачивает, тому и поручает и ожидает от него реакции послушания.

Много лет назад ко мне после Богослужения подошел один человек. В моем духе я ощутил неприятный запах тления. Чтобы не возникло недоразумение: запах исходил не от самого человека, но был буквально «сверхчувственного» характера. В этот момент во мне возросла сверхъестественная вера. Я понял, что действует Дух Святой. Без знания ситуации человека, не понимая еще в чем дело, я произнес ему из Псалма 117:17: «Ты не умрешь, но будешь жить и возвещать дела Господни». В глубоком волнении он рассказал мне, что согласно диагнозу, полученному от врачей, ему осталось жить недолго. Однако его встреча с тем, кто ходил в даре веры изменила все. Не я сам был наполнен этой верой, но получил ее из Руки Божьей. Его Дух дышит, где хочет и как хочет. Несколько раз до этой ситуации я колебался в нерешительности, но после нее стал говорить смело то, что воспринимал в духе. Возвращаясь к рассказанному, этот человек жив и насколько мне известно здоров.

На моем пути с даром веры я должен был также учиться, что мое личное состояние может приводить к заблуждению. В некоторых ситуациях я чувствую себя сильным в вере, но ничего не происходит. В другой раз я слаб, но Бог действует в силе. Не мои ощущения определяют реальность, но Божий Дух. Вера, какой бы она ни была, хоть крошечная как горчичное зерно, однако имеет силу производить действие (Мф. 17:20). Можно, наверное, это так сформулировать: Наша проблема не в том, что вера мала, а в том, что неверие велико! Потому что недоверием и сомнением мы мешаем работе Духа Святого. Иисус часто обличал Своих учеников в их неверии. К этому я бы сказал: наша задача – устранить неверие. А Божья часть – одарить нас даром веры!

Говорят, что Георг Мюллер открыл свой приют для сирот, имея всего несколько пенсов. Да и потом денег было так мало, что у них порой ничего не оставалось. Однако финансовая ситуация не была для него поводом для беспокойства. Он всегда смотрел на Господа и всегда находил решение, хотя никогда не обращался с призывом о пожертвованиях. Благодаря служению в вере Георга Мюллера многие тысячи сирот были обеспечены. Однако без него работа уже не могла оставаться на том же уровне, потому что вера не переходит по наследству.

9.2 Дары исцелений

Ни к какому из даров христиане не стремятся так сильно, как к дару исцеления. По меньшей мере, по моим личным наблюдениям. Учитывая тот факт, что какая-то болезнь или боль есть почти у каждого человека или у кого-то из его окружения, подобное стремление не удивляет.

Первое, что легко заметить при упоминании этого дара в списке 1 Кор. 12:9, это использование множественного числа при перечислении. Павел не говорит о «даре исцеления», но о «дарах исцелений». Кстати, в Новом Завете вообще нет такого текста, где говорится, что у кого-то был бы дар исцеления. Из этого становится ясным, что нет одного четко сформулированного дара исцеления. Вместо этого есть дары исцелений, которые очевидно могут действовать различными способами и с разной интенсивностью. К тому же они не являются собственностью какой-то личности, чтобы любой христианин мог их востребовать и сделать здоровым больного по собственному желанию. Эти дары Бог распределяет и активирует так, как Он этого желает.

Итак, одаренный Святым Духом этими дарами (харизмами) исцеления, как и в случае с другими духовными дарами, находится в прямой зависимости от Святого Духа. Дары исцелений следует понимать как своего рода виды «духовной медицины», которые служители Божьи передают страдающим, как было, например, у Петра с хромым от рождения в Деян. 3:6:

Но Петр сказал: серебра и золота нет у меня; а что имею,
то даю тебе: во имя Иисуса Христа Назорея встань и ходи.

Ситуация, в которой мы, как христиане, находимся, становится предпосылкой для применения даров исцеления. С одной стороны мы живем в падшем мире, несовершенном и потому вынужденном сражаться с болезнями. С другой стороны, Бог хочет проявлять Свою силу в этом мире и дарить исцеление.

Все Священное Писание однозначно свидетельствует нам: наш Создатель хочет, чтобы у нас все было в порядке. Он заинтересован в нашем всеохватывающем благополучии (Пс. 40:4; Иез. 34:16). Поэтому так и написано:

...ибо Я Господь, целитель твой. (Исх. 15:26)

Чтобы избежать недоразумений, к этом месту из Писания надо сделать важное замечание: То, что Бог хочет, чтобы мы были исцелены, не означает автоматически, что кто-то болен из-за того, что он далек от Бога и Его воли. Такие гипотезы возникают, потому что человеку свойственно для всего искать причины и следствия. В конце концов, ничего не происходит беспричинно. Но совпадают ли действительно наши самостоятельно найденные объяснения с реальностью?

У некоторых заболевших людей возникает соблазн искать причину в самом себе. Некоторые верят, что они живут не в Воле Господа, и это причина их страданий. Действительно, Библия говорит о том, что грехи и прегрешения могут вести к болезням (1 Кор. 11:30; Иак. 5:15). Но мы не можем утверждать, что христианин, живущий в послушании Богу, автоматически здоров. Немало церквей в прошлом утверждали подобное, но автоматизм по исцелению каждого верующего противоречит как Библии, так и жизненному опыту: христианин может жить в центре Божьей Воли, и тем не менее болеть.

Я уже много лет решительно и смело молюсь за исцеления больных. И неоднократно убеждался на собственном опыте, что Бог исцеляет людей. Однако, как я уже упоминал, сам давно страдаю от аллергии. Эти реакции моего организма имеют естественные причины, как и большинство болезней. Они вызваны множеством внешних факторов и останутся частью нашей земной человеческой жизни. Однако верующим обещано превращение их тел в новое «тело воскресения» (напр. 1 Кор. 15:35-52). Тогда обстоятельства кардинально изменятся.

После краткого отступления давайте вернемся к библейским размышлениям о действии Бога в исцелении людей. Высказывания

Ветхого Завета, в которых Создатель открывается как Целитель, получают в Новом Завете вместе с Иисусом Христом дальнейшую прогрессию: центральным компонентом Его миссии, очевидно, является исцеление больных. На мой взгляд, это поручение не было односторонне предназначено для исцеления лишь телесных недугов, как и не только лишь для исцеления болезней души. Иисус ищет всеохватывающего блага людям и хочет его восстановить во всех сферах жизни человека.

> *...не здоровые имеют нужду во враче, но больные (Мф. 9:12).*
> *«Дух Господень на Мне; ибо Он помазал Меня благовествовать нищим, и послал Меня исцелять сокрушенных сердцем, проповедовать пленным освобождение, слепым прозрение, отпустить измученных на свободу...» (Лк. 4:18)*

Наконец, Иисус Христос подводит Благую Весть к кульминации, передавая поручение молиться за больных Своим ученикам. Поэтому становится ясно, что несмотря на свершившееся на Кресте Искупление люди не перестанут страдать, но для них откроются различные возможности стать здоровыми: благодаря служению учеников люди будут получать исцеление и впредь (Мк. 16:18; Лк. 10:9; Иак. 5:14).

Божье желание исцелять проходит красной нитью через все Писание. Оно образует фундамент для молитв об исцелении больных, и побуждает Бога распределять Своим Духом необходимые для этого дары (харизмы). Благодаря духовно действующим дарам исцеления Бог создал возможность, чтобы страдающие люди могли исцеление получить. Но это не означает, что это единственный и всегда предпочитаемый путь от Бога.

У болезней много граней – как в причинах, так и в последствиях. Основная причина, почему они появляются, все-таки в том, что из-за первородного греха мы живем в падшем и поврежденном мире. А история со слепым из Ин. 9:1-3 показывает нам отчетливо, что мы не должны делать поспешных выводов. На вопрос учеников, был ли причиной слепоты грех самого слепого или поступки его родителей, Иисус ответил:

...не согрешил ни он, ни родители его, но это для того, чтобы на нём явились дела Божии. (Ин. 9:3)

Догадки, которые выдвигают ученики, показывают нам, что они думали о болезнях, будучи детьми своей культуры. Соответствующе предвзятым должно было быть и отношение тогдашних людей к больным. Несмотря на то, что прошла пара тысяч лет, и нам были переданы эти разъясняющие слова Иисуса, христиане и сегодня часто ставят грех в центр, когда речь идет о страданиях ближних. Однако болезнь многослойна.

Эту реальность мы можем отчетливо увидеть и в библейских терминах: греческое слово «ἀσθένεια» (astheneia) обозначает болезнь, слабости и бессилие различного вида и может означать бренность (Лк. 5:15; Деян. 28:9; 1 Кор. 15:43). Также часто употребляется и слово «νόσος» (nosos), которое означает, скорее всего, болезни тела, вызванные микроорганизмами (Мф. 9:35; Мк. 1:34). Слово «μαλακία» (malakia) используется для обозначения немощи и слабости (Мф. 4:23), в то время как слово «κάμνω» (kamnō) означает прежде всего душевную усталость и переутомление (Иак. 5:15)

Как различны болезни и причины, лежащие в их основе, так и пути к восстановлению не менее многочисленны. Исцеление в Библии происходит не только исключительно через действие даров духовных. Мы находим в Писании и другие способы:

ОДИН ВРАЧ – МНОЖЕСТВО ПУТЕЙ К ИСЦЕЛЕНИЮ
Чудеса, платки и опоясания, тень (Деян. 5:15, 19:12; 1 Кор. 12:10)
Ходатайственная молитва (Мк. 11:24, 16:17)
Помазание и молитва старейшин, пресвитеров (Иак. 5:13-16)
Причастие (1 Кор. 11:28-30)
Исповедание грехов (1 Ин. 1:9; Пс. 31:2-5)
Божье слово (Пр. 4:20-21; Пс. 106:20)
Природное дарование к медицинской профессии (1 Петр. 4:10)
Целебные силы растений (Быт. 1:11)
Пищевые привычки (Лев. 11:11; Дан. 1:15)
Защитные механизмы (Пс. 138:13)
Дары исцелений (1 Кор. 12:9)

ЧУДЕСА, ПЛАТКИ И ОПОЯСАНИЯ, ТЕНЬ

Такую форму исцеления можно было бы назвать чудом, потому что исцеление происходит мгновенно, не требуя какого-либо процесса. Новый завет предлагает нам впечатляющие примеры. Например, Лука рассказывает нам, что через апостолов совершались многие чудеса исцеления (Деян. 5:12). Это побуждало людей выносить больных на улицы, чтобы хоть тень Петра упала на них, когда он будет проходить мимо:

...так что выносили больных на улицы и полагали на постелях и кроватях, дабы хотя тень проходящего Петра осенила кого из них. Сходились также в Иерусалим многие из окрестных городов, неся больных и нечистыми духами одержимых, которые и исцелялись все. (Деян. 5:15-16)

Лука не сообщает, что люди действительно получали исцеление от тени Петра. В те времена в народе бытовало поверье, что тени зверей или людей обладают целительной силой или, наоборот, силой поражающей. И даже если такая идея современному европейцу кажется несколько странной, больные все же были исцелены.

Нечто похожее рассказывает Лука в Деяниях апостолов 19:11 об апостоле Павле:

Бог же творил немало чудес руками Павла, так что на больных возлагали платки и опоясания с тела его, и у них прекращались болезни, и злые духи выходили из них.

Как и в случае с тенью Лука здесь не сообщает, что именно платки принесли исцеление людям. В 11-м стихе, подобно и другим отрывкам, ясно говорится, что Бог творит чудеся руками людей (напр., Деян. 14:3). Так что не существует магических предметов. Божья Сила просто не знает границ. К тому же понятно, что у больных была своего рода спасительная вера или надежда на исцеление. Как женщине с кровотечением (Лк. 8:48), прикоснувшейся к краю одежды Иисуса, помогла вера, так и здесь помогала именно она. Материальное лишь способствовало соединению этих людей с Божьей исцеляющей силой.

Некоторое время тому назад я проводил многодневное служение в одной общине и ночевал у одной семьи. Каждый раз, когда я вечером возвращался, мне предоставляли другую комнату на ночь. С интересом я спросил хозяев, почему они меня устраивают спать в разных комнатах. «Потому что мы знаем, что ты вечером молишься. Так комната и постель получают благословение. Поэтому мы стелим тебе в комнате каждого из наших детей». На это я им ответил: «Да будет вам по вере вашей».

ХОДАТАЙСТВЕННАЯ МОЛИТВА

Молитва веры другого

«Много может усиленная молитва праведного», - говорится в Послании Иакова 5:16 о молитве за больных в церкви. Это утверждение Иакова недвусмысленно: когда верующие настоятельно молятся друг за друга, это не остается без последствий. Обетование, что люди будут исцеляться, когда верующие молятся за больных, высказано Господом для нас и в Евангелии от Марка (16:17):

Уверовавших же будут сопровождать сии знамения: именем Моим будут изгонять бесов; будут говорить новыми языками; будут брать змей; и если что смертоносное выпьют, не повредит им; возложат руки на больных, и они будут здоровы.

Как мы видим, возложение рук играет особую роль. Само по себе возложение рук — это не магический акт, сам по себе гарантирующий особенный результат. Его скорее можно сравнить с платком как с элементом, укрепляющим веру. Это помогает человеку представить связь между миром материальным и миром невидимым.

Лично для меня важно перед возложением рук на человека спросить его разрешения. В зависимости от обстоятельств такое действие может быть неуместным. Если человек согласен, я продолжаю действовать уважительно. Не всегда ищущему помощи нравится, чтобы прикасались к его голове или волосам. Я предпочитаю плечо. Если тот, за кого я молюсь, удручен, то я бережно держу его руки снизу и слегка приподнимаю их вверх. Таким образом я даю понять человеку, что я его поддерживаю. При этом не ощущается «давления» сверху, возникающего при возложении рук, и это облегчает принятие молитвы тем, за кого молятся. Благодаря возникшему контакту я создаю единение с человеком, за которого молюсь.

Личные ходатайственные молитвы

Конечно же, и сам человек может в молитве искать Господа, Который слышит молитвы об исцелении не только от братьев и сестер во Христе. И даже если этот молитвенный вклад является само собой разумеющимся, его следует упомянуть. Более того, даже важно, что человек проявляет инициативу, а не просто передает свои просьбы другим. Иисус обещал, что услышит наши молитвы, обращенные к Нему в вере:

Потому говорю вам: всё, чего ни будете просить в молитве, верьте, что получите, – и будет вам. (Мк. 11:24)

Мы знаем, что Богу известны все наши нужды еще до того, как мы их озвучим (Мф. 6:8). Какой тогда смысл еще и ходатайствовать за себя? В молитве, произносимой с верой, молящийся размышляет над своими заботами, и проверяет, насколько его просьба соответствует Божьей Воле. Так мы познаем Божью Волю в молитве. Более того, вера в данном случае является доверием Богу. Написанное Марком «верьте» равнозначно «доверяйте Отцу небесному».

Помазание и молитва старейшин, пресвитеров

Давайте теперь рассмотрим весь отрывок из Послания Иакова, ранее процитированный мною частично. Иаков советует верующим в случае болезни обращаться к старейшинам в церкви, чтобы они помазали их маслом:

Кто-то из вас болен? Пусть позовет старейшин церкви, чтобы те помолились над ним и помазали бы его маслом во имя Господа. И молитва с верой исцелит больного: Господь поднимет его. Если заболевший согрешил, то он будет прощен. Признавайтесь друг перед другом в ваших грехах и молитесь друг за друга, чтобы получить исцеление. Усиленная молитва праведного может многое.[28] (Иак. 5:14:16)

Здесь тоже достаточно ясно изложено, что не старейшины и не елей гарантируют исцеление заболевшего, но «Господь поднимет

---

28 *Отрывок процитирован по Новому Русскому переводу. В Синодальном переводе он звучит так: «Болен ли кто из вас, пусть призовет пресвитеров Церкви, и пусть помолятся над ним, помазав его елеем во имя Господне. И молитва веры исцелит болящего, и восставит его Господь; и если он сделал   грехи, простятся ему. Признавайтесь друг пред другом в проступках и молитесь друг за друга, чтобы исцелиться: много может усиленная молитва праведного».* (Прим. переводчика).

его». Да и упоминание, что они должны молиться и помазать во имя Господа делает это еще более очевидным.

И хотя дарами Духа на самом деле не распоряжаются, здесь выглядит так, что Бог поддерживает руководство общины и использует их в таких случаях.

Я хотел бы, чтобы каждый верующий воспользовался этой возможностью и призывал к себе старейшин на молитву, ведь если Бог обещает, то Он и проявит свою верность в этом.

Причастие

В первом послании Коринфянам (11:27-34) Павел пишет, как правильно участвовать в Вечере, принимать Причастие. Чтобы не приводить весь текст отрывка, я перескажу его кратко своими словами. С самого начала Павел сообщает общине, что недостойное участие в Вечере ведет к негативным последствиям, таким как болезнь. Но Коринфяне заболевали не от Вечери, а от недостойного поведения во время Причастия. Здесь довольно ясно показано, что грех может привести к болезни.

Прежде всего, важно отметить, что Павел говорит не о недостойных людях, но о недостойном поведении во время Вечери. Слово «недостойно» – это наречие, которым обозначен в тексте признак действий: «есть» и «пить». Речь о таком способе еды и питья, при котором «Тело Господне» пренебрегается. Исходя из контекста, явно видно, что Павла беспокоит неподобающее и бессердечное поведение. Вечеря Господня в Коринфе превращалась в застолье, где каждый ел и пил то, что принес с собой, без оглядки на других, не обращая никакого внимания на совместность участия в трапезе, так что одни оставались голодными, а другие напивались (ст. 21). Из-за того, что Вечеря в таком случае ни чем не отличалась от обычного насыщения едой, игнорировались не только голодные собратья, но и присутствующий на Причастии Господь.

Достойным же является такое преломление хлеба, в котором отражается правильное понимание Причастия, братская и сестринская любовь, а также желание быть частью Христа и Его Церкви.

В истории протестантских церквей критерием проверки для участия в Вечере Господней стали 23-й и 24-й стихи 5-й главы Евангелия от Матфея, хотя в них речь не о Причастии. Здесь, вероятно, сыграл роль труд «Дидахе» (14, 1), требовавший исповедания грехов перед преломлением хлеба. Во всяком случае, эта традиция укрепилась во многих свободных церквях. Тот, кто идет на Причастие, должен проверить, не имеет ли он в себе чего-то против брата или сестры. Ведь в этой части Нагорной проповеди (Мф. 5:23-24) Иисус призывает верующего избавиться от гнева на брата своего перед тем как прийти к жертвеннику. Этим Иисус хочет ясно показать, что верующий должен быть готов коренным образом изменить свое поведение по отношению ближнему. Примирение и любовь имеют более высокий приоритет нежели культ жертвоприношения, ведь примирение с Богом предполагает и примирение с братом (см. Мф. 6:12, 14; 6:38; Мк. 11:25).

Зачем я это объясняю? Нам известно, что недостойное поведение может привести к болезни. Делает ли достойное поведение здоровым и приводит ли к исцелению? Некоторые отвечают на этот вопрос утвердительно, но Павел ничего об этом не говорит. В данном случае определенно мы можем сказать лишь, что примирение и любовь предотвращают болезни. Причастие напоминает нам вновь и вновь, как важна любовь для того, чтобы братья и сестры не заболевали. Также я верю, что община, отличающаяся взаимной любовью и признательностью друг другу – это то место, где люди могут исцеляться. Кроме того, наш Господь встречается с нами в Причастии. И это не просто трапеза воспоминания, но и совместная трапеза с Господом. Встреча с нашим Господом обладает преображающей силой. В этом смысле Вечеря Господня имеет особое значение, когда мы говорим об исцелении.

Исповедание грехов

Как мы только что видели, Божье прощение связано с личным прощением. В молитве, которой нас учил наш Господь мы молимся: «И прости нам долги наши, как и мы прощаем должникам нашим» (Мф. 6:12). Наше прощение исходит из Божьего прощения.

Мы также видели, что примирение, братская и сестринская любовь для Бога имеет большее значение, нежели жертва (Мф. 5:23-24). Потому и неудивительно, что Иаков в уже приведенном выше отрывке призывает признаваться друг перед другом в грехах, чтобы быть исцеленными (Иак. 5:16). Иаков явно убежден в том, что прощение грехов необходимо, чтобы исцелиться от болезни. Тот факт, что все открыто пред Господом и друг перед другом, играет важную роль в исцелении. К тому же мы видим у Иакова, что взаимная молитва друг за друга возможна лишь тогда, когда устранены эти препятствия. При этом не совсем очевидно, необходимо ли исповедать друг другу прегрешения, совершенные друг против друга, или речь об общем признании грехов.

Вина обладает обременяющей силой и ее место – на Кресте. Когда вина или что-то иное стоит между людьми, это воздействует негативно, как мы видели в только что рассмотренном тексте о Вечере Господней. Создается ощущение, словно на человека возложен груз. От этого может пострадать не только психика, но и тело.

Я слышал интересную историю: один служитель молился за человека, у которого были сильные боли в спине. Этот человек сообщил, что ему необходимо исповедоваться в грехах. В молитве служитель получил побуждение сказать: «Купи себе новый матрас. Твой старый матрас изношен». Не всегда физическая тяжесть связана с грехом, но это возможно, как мы видим во втором примере. У другого человека, за которого молился служитель, были проблемы с желудком. И здесь молитвенник отреагировал своеобразно: «Желудок связан не только с едой. В твоем животе ярость и непрощение, которые являются причиной боли». Когда человек хранит в себе непрощение и не готов к покаянию, это может вызывать болезни.

Божье Слово

Не подлежит сомнению достоверность и общеизвестность того факта, что Библия благотворна для человеческой души. Священное Писание ясно дает понять, что Бог любит человека, и Он за него. В Библии много утешительных и назидательных слов, поэтому понятно, что она несет исцеление человеческой душе.

Тем не менее Библия также сообщает, что человеческое тело исцеляется, когда человек поступает мудро:

Сын мой! словам моим внимай, и к речам моим приклони ухо твоё; да не отходят они от глаз твоих; храни их внутри сердца твоего: потому что они жизнь для того, кто нашёл их, и здравие для всего тела его. Больше всего хранимого храни сердце твоё, потому что из него источники жизни (Пр. 4:20-23).

Поучительность Священного Писания – нечто драгоценное, что невозможно оставить без внимания при изучении темы исцеления.

ПРИРОДНОЕ ДАРОВАНИЕ К МЕДИЦИНСКОЙ ПРОФЕССИИ

Несмотря на то, что во все времена Бог исцелял людей, Библия ничего не говорит против обращения к врачам. Нередко я слышу, что некоторые христиане говорят: «Мы как христиане не нуждаемся ни во врачах, ни в лекарствах, ведь Господь – наш Врач». В лучшем случае я реагирую на это следующим образом: «Тогда тебе нельзя носить очки и посещать стоматолога».

Мы можем быть благодарны врачам всех специализаций и медикам. Они изучают наш организм. Они понимают, как он работает, и ищут возможности привести тело в порядок, когда что-то в нем выходит из строя. Это хорошо и мы должны этим пользоваться. В конце концов, у этих людей добрый дар и ничто не противоречит его применению (1 Петр. 4:10).

Когда мне было девятнадцать, мне удалили аппендикс. Слава Богу, что меня прооперировали, не случись этого, меня бы, наверное, сегодня не было бы в живых.

Наш организм подвергается естественному износу, и с возрастом чаще приходят болезни и немощи. Это для нас неизбежно, ведь в долгосрочной перспективе наше место не в этом мире. Об этом знал и Соломон, о чем и написано в Книге Екклесиаста 12:2-4:

Помни Создателя твоего, пока ты молод и не наступили времена, когда солнце, луна и звёзды станут тёмными для тебя, и вслед за дождём возвратятся тучи. Руки твои потеряют силу, и ноги твои ослабеют, выпадут зубы твои и ты не сможешь есть свой хлеб, глаза твои не будут видеть зорко, ты будешь плохо слышать и не различишь шума на улице, даже звук жернова, мелющего твоё зерно, покажется тебе тихим (WBTC)[29].

ЦЕЛЕБНЫЕ СИЛЫ РАСТЕНИЙ

В Библии упоминается более 100 растений. Некоторые из них используются в тексте как иллюстрации (например, виноградная лоза) или упоминаются в качестве пищи. Но есть и сообщения о растениях, обладающих целительной силой. Наш Господь и Творец вложил целебные свойства в творение. Растения предназначены нам не только для питания.

Постоянно находятся верующие, возражающие против растительных лекарственных средств, однако в Библии мы видим, что люди использовали растения как лекарства (см. Иер. 23:15, Ис. 1:6, 38:21; 1 Тим. 5:23, Откр. 22:2).

ПИЩЕВЫЕ ПРИВЫЧКИ

Общеизвестно, что неправильное питание может привести к многочисленным заболеваниям. Нашему здоровью вредит, например, чрезмерное потребление сахара или мяса. Поэтому следует обратить внимание на свое питание.

Павел довольно жестко судит тех, кто не воздержен в еде:

---

29 *Здесь использован перевод Международной Библейской лиги (ранее она называлась Всемирным Библейским Переводческим Центром – WBTC), это был первый современный альтернативный вариант Синодальному Переводу Священного Писания на русском языке.*

Синодальный перевод звучит так: «...доколе не померкли солнце и свет и луна и звезды, и не нашли новые тучи вслед за дождем. В тот день, когда задрожат стерегущие дом и согнутся мужи силы; и перестанут молоть мелющие, потому что их немного осталось; и помрачатся смотрящие в окно; и запираться будут двери на улицу; когда замолкнет звук жернова, и будет вставать человек по крику петуха и замолкнут дщери пения...» (Прим. переводчика).

...зависть, пьянство, объядение и тому подобное, о чем я заранее говорю вам, как и сказал раньше, что делающие это Царства Божия не наследуют (Гал. 5:21, Еп.Касс[30]).

Этот стих почти не упоминается в связи с болезнями. Сама по себе еда не является плохой, но переедание Павел ставит в один ряд с другими грехами. Как и во многом другом количество имеет значение. Чрезмерное потребление пищи влияет плохо не только на наш организм. Вот почему Павел относится к этому столь критично.

Известен целый ряд пищевых предписаний Библии как в Ветхом, так и в Новом Завете, но я не буду здесь в них углубляться. Павел не считает соблюдение пищевых запретов необходимыми для спасения:

Я знаю и уверен в Господе Иисусе, что нет ничего в себе самом нечистого; только почитающему что-либо нечистым, тому нечисто. (Рим. 14:14)

Это нисколько не отменяет полезности некоторых пищевых предписаний. У евреев есть особый способ разделять еду, не имеющий отношения к диетической концепции раздельного питания. Например, они не смешивают молочные продукты с мясными. После многих поездок в Израиль мы с моей женой Ирене заметили, что тоже больше не едим по утрам мясное. Другая культура изменила наши пищевые привычки. И мы не можем назвать нашу новую привычку плохой. Не повредило бы, если некоторые люди поменяли свои пищевые привычки. Заболевание, возникшее вследствие неоптимального пищевого поведения, вероятно, не может быть «отмолено», но требует изменения привычек.

ЗАЩИТНЫЕ МЕХАНИЗМЫ

Наш Создатель устроил наше тело дивным образом. Бог вложил в наш организм способность инициировать определенные процес-

---

30 *Текст послания приведен из перевода, выполненного группой переводчиков, которой руководил известный русский библеист, доктор богословия университета Аристотеля в Салониках епископ Кассиан.*

В Синодальном переводе этот стих звучит так: «...ненависть, убийства, пьянство, бесчинство и тому подобное. Предваряю вас, как и прежде предварял, что поступающие так Царствия Божия не наследуют». (Прим.переводчика).

сы регенерации и восстановления, если он ослаблен или болен. Медикаменты в данном случае вносят свой вклад и поддерживают эти процессы. Медицина сама по себе не всегда исцеляет, но способствует или делает возможным процесс исцеления. В некоторых случаях необходимо осознано выдержать период регенерации. В 22-м Псалме мы видим нашего Бога как Пастыря, ведущего своих овец к местам восстановления:

Он покоит меня на злачных пажитях и водит меня к водам тихим (Пс. 22:2).

В нас самих тоже есть Божья аптека. В то же время наша задача поддерживать эту аптеку, например, укрепляя наши защитные механизмы. Не зря говорится: «Лучший доктор – внутри нас».

Примерно в 1997 году у моей жены Ирене случился физический и душевный упадок сил, и началась тяжелая депрессия. Мы не медлили и искали Господа, молили Его снова и снова об исцелении. Друзья, братья и сестры во Христе в нашей церкви и за ее пределами соединились с нами в молитве. Я страстно желал пережить Божье действие в дарах исцеления. Но, наконец, мы должны были признать, что некоторые болезни не поддаются так просто молитве, и исцеление приходит с помощью других дополняющих методов и дорог. Ирене должна была поменять ритм жизни, изменить некоторые привычки и подкорректировать свой рацион. Ей надо было научиться говорить «нет» и правильно ставить границы. Становилось все более и более понятным, что причиной ее состояния стало не нападение врага, а наш образ жизни, который способствовал этому серьезному срыву.

Моя жена, в конце концов, поехала в санаторий, прибегла к медицинской помощи, последовала советам врачей и принимала медикаменты. Все это в комплексе привело к тому, что Ирене встала на путь выздоровления. Как часто в то время я желал внезапного исцеления и просил об этом Бога. Но вместо этого вспомнил об отрывке из Екклесиаста 12, в котором оплакиваются годы немощи. Я должен был научиться тому, что вся наша сила, познание и мудрость не более, чем фрагменты. В конце концов, мы все зависим от Бога, Который действует Духом Своим так, как Он хочет, а не так, как мы ожидаем.

В значительной мере выздоровлению Ирене содействовала огромная духовная и практическая поддержка со стороны других людей. Среди прочего к нам регулярно приходила одна женщина из церкви, которая помогала по хозяйству. А когда в какой-то момент моя жена стала жаловаться: «Моя душа больше не поет. Мое тело больше не может. Моя вера не выдерживает», ей отвечали другие: «Мы поем теперь за тебя. Мы трудимся теперь за тебя. Мы верим теперь за тебя». Я убежден, что мир недооценивает сплоченность и общность, когда речь идет о том, чтобы уменьшить страдания человека (1 Кор. 12:16; Гал. 6:2). Очень часто именно другие люди – это протянутая Божья Рука исцеляющего характера.

Как-то мой сын пришел ко мне и попросил совета. Речь шла о некоторых людях из его окружения, которым была нужна помощь. «Им нужно чудо!» – он был в этом уверен. Я подтвердил его слова, но у меня было внутреннее ощущение, что я должен что-то добавить: «Верно. Будь ты этим чудом». Ему явно был брошен вызов, но он понимал, что должен сейчас делать.

Я хочу, чтобы дары (харизмы) исцелений гораздо чаще использовались в наших церквях. Но я также знаю, что делая односторонний акцент на духовных дарах мы можем попасть в затруднительное положение. Поэтому нам нужно принять во внимание множество различных путей исцеления, которые мы видим в Библии. В конце концов, решающим является не идеальный метод, а то, что мы в вере и уповании на Бога ищем возможности принести людям исцеление. В отношениях с Ним мы черпаем силу и мудрость.

СЛУЖЕНИЕ В ДАРАХ ИСЦЕЛЕНИЯ – ДВЕНАДЦАТЬ ПРАКТИЧЕСКИХ СОВЕТОВ.

После некоторых основополагающих размышлений о болезнях и путях восстановления, я хочу дать двенадцать практических рекомендаций для тех, кто хочет служить в дарах благодати к исцелению:

1. *Ищи близости с Богом:* до того, как Бог начнет действовать через тебя, Он хочет действовать в тебе. Поэтому береж-

но храни твои отношения с Богом и позволь Ему тебя формировать, созидать и преображать. Расти в познании Его Слова и дай Ему наполнять тебя Его силой.

2. *Ревнуй о дарах исцелений:* Скажи Богу конкретно, что ты хочешь получить от Него дары исцелений и служить ими. Простирайся к этому благословению, которое Иисус обещал Своей Церкви. Не забывай, речь в первую очередь не о тебе. Как и в отношении других даров, дарами исцелений Бог хочет созидать Свою Церковь. Поэтому ищи возможности и ситуации, чтобы служить. Будь смелым, но не пытайся напрягаться и действовать собственными силами или по своей воле. Я подчеркну еще раз: Божий Дух разделяет, как Ему угодно (1 Кор. 12:11).

3. *Развивай в себе чуткость к тем, кто претерпевает боль:* Иисус мог прикасаться к людям в их бедах, потому что Им двигало чувство глубокого сострадания к ним. Кто хочет служить больным, нуждается в искреннем интересе и сочувствии к людям, понимании их нужд. Поэтому будь внимательным к миру страждущих и будь готов вникать в их ситуации.

4. *Концентрируйся не на недуге, а на человеке:* Бог хочет не только исцелять от болезней, Он хочет восстановить личность целостно. Однажды я был в санатории из-за болей в спине, и мне понравилось выражение одного врача: «Мы лечим не болезнь, а человека». Когда служишь кому-то, не проецируй болезнь на личность. Увидь человека перед собой.

5. *Поделись Евангелием:* Дары исцелений очень часто раскрываются в миссионерском контексте. Это видно как из рассказов в Библии, так и по свидетельствам ранней и сегодняшней церковной истории. Там, где проповедуется Благая Весть, Бог часто подтверждает Свое Слово чудесами и знамениями (Деян. 2:43, 3:3-11, 14:3-11). Итак, возвещай Благую Весть людям, которые ее еще не слышали, а потом молись смело об их исцелении от болезней!

6. *Молись словом и в действии:* хорошей помощью в молитве за исцеление может быть не только ясное и точное фор-

мулирование, но иногда и символичное действие, такое как возложение рук (Мк. 16:18) – конечно, если этого хотят и позволили.

7. *Не давай своим мыслям или ощущениям сбить себя с толку:* Иногда я точно знаю, что здесь в настоящий момент Сила Божья. В другой раз наоборот, я ничего не ощущаю или вообще в сомнении, а люди тем не менее испытывают прикосновение. Мы должны молиться независимо от наших чувств за исцеление больных. Божья Сила здесь, и Он действует. Чувствуем мы это или нет — не является решающим фактором для действия Духа.

8. *Позволь Духу Святому тебя направлять:* Слушай голос Божий и Его обращение. Различай Его намерения. Разреши Ему вести тебя в молитве, ведь все зависит от Него, а не от тебя.

9. *Поощряй людей вести мудрый образ жизни:* После исцеления больного у купальни Вифезды Иисус сказал ему: «не греши больше» (Ин. 5:14). Кто выздоровел, должен дальше жить так, чтобы оставаться исцеленным. Иногда заболевший человек сам спровоцировал свое состояние. Теперь ему надо и самому вносить посильный вклад в восстановление своего здоровья, мудро относясь к своему образу жизни.

10. *Будь внимательным к различным путям исцеления:* Здоровье может прийти в норму различными способами. Среди них и прощение грехов, и непосредственное действие Божьей силы, и молитва, а также медицинская помощь, медикаменты, здоровое питание, достаточная физическая активность и отдых. Подскажи это тому, за кого ты молишься, чтобы он не сосредотачивался только на одном способе.

Кроме того, помни, что ты – не врач, если у тебя нет соответствующего образования. Будь осторожен с явными медицинскими рекомендациями. Ты не можешь взять на себя ответственность за решение о принятии или отмене медикаментов. Для этого нужна консультация специалиста.

11. *Заинтересуй в сопровождении:* Поскольку исцеление может быть процессом, нам нужны люди, которые пройдут с нами этот путь. Убедительно рекомендуй болеющему присоединиться к одной из христианских общин. Большая сила в том, что верующие поддерживают друг друга (Гал. 6:2).

12. *Укрепляй доверие Богу:* Даже если не каждая молитва приводит к заметным изменениям, то ободрение, уверенность и вера должны действовать. Направь в совместной молитве взгляд на возможности и обетования Бога. Тогда беспокойство и страхи будут отступать. Мир Божий может вопреки болезни глубоко наполнить и укрепить человека.

КАК МОЛИТЬСЯ ЗА БОЛЬНЫХ

Во время молитвы мы можем просто просить Господа об исцелении. Речь не о каких-то особенных формулах, главное, чтобы молящийся просто говорил от сердца. Ожидания исцеления должны быть трезвыми. Написано, что «много может усиленная молитва праведного», а не «всё может» (Иак. 5:16). В конце концов, Целитель – Бог, а не мы. Такое отношение сохраняет обе стороны – и того, кто молится, и того, за кого молятся, – от крушений в вере. В то же время чрезмерно трезвое отношение не должно стать для нас искушением в том, чтобы не молиться вообще.

В Евангелии от Марка говорится, что больные «будут здоровы», если ученики Иисуса возложат на них руки (Мк. 16:18). Так что и мы тоже призваны следовать этому примеру.

Кроме того о старейшинах общины написано, что они должны помазывать больных елеем (Иак. 5:14). Я бы хотел, чтобы каждый верующий последовал этому предложению и призывал к себе старейшин для молитвы. Ведь если Бог дает нам обетование, то Он докажет в нем Свою верность. Тот факт, что в этом месте прямо названы те, кто руководит общиной, не означает, что всем другим запрещается помазывать елеем. Также и это действие может сопровождать молитву.

Часто во время действия даров исцеления больных может быть произнесено пророчество. Нечто подобное среди прочего пережил и я, когда Святой Дух впервые действовал через меня харизмой исцеления: смертельно больная женщина, которой по заключению врачей осталось жить примерно 14 дней, позвонила мне и попросила к ней прийти. Я согласился прийти как можно быстрее. Утром в день посещения я проснулся с внутренним ощущением, что должен прийти, помолиться об избавлении ее от болезни и сказать: «Ты будешь жить!» Придя к ней, я объяснил, что какое-то время помолюсь на иных языках и возложу на нее руки. Она не знала такого, но разрешила мне поступить подобным образом. Примерно через четверть часа я ей сказал: «Ты будешь жить!» Спустя какое-то время я встретил ее снова. Она была полностью здорова и рассказывала другим людям об Иисусе.

9.3 Дар чудотворений или «чудодейственные силы»

Итак, в связи с дарами силы мы пришли к третьему дару (харизме): «дару чудодейственных сил». Кому-то может быть трудно представить себе что-то явное из таких «чудодейственных сил». Некоторые переводы Библии используют слово «чудотворения»[31], другие «чудодейственные силы»[32], третьи «способность творить чудеса»[33]. Но это не всегда улучшает понимание. Также и примененный мною термин «дар чудодейственных сил» может слегка вводить в заблуждение. То, что мы видим в греческом оригинальном тексте в 1 Кор. 12:10, нам уже встречалось, когда мы говорили о дарах исцеле-

---

31 Синодальный перевод, Современный перевод РБО, Перевод Давида Стерна (Прим.переводчика).

32 Новый русский перевод, перевод «Слово жизни» (Прим.переводчика).

33 Перевод Библейской Лиги ERV, Современный перевод WBTC, перевод Десницкого (Прим.переводчика).

ний: Павел использует множественное число. Дословно он говорит о «действиях сил» («ἐνεργήματα δυνάμεων» – energemeta dynameon). Такое обозначение не очень-то похоже на точное описание дара, ведь действия и силы могут быть разнообразны. И Павел нигде не дает более содержательного описания, как бы мы не искали. Так что мы можем с трудом представить, какой же в точности способ действий здесь имеется ввиду. Кто-то может счесть это неудачным, а лично я этим фактом доволен: Павел очевидно избегает ограничивать этот дар какими-то формами, что позволяет Духу Святому проявлять Себя различно творя чудеса (1 Кор. 12:6). Таким образом составление неизменного каталога возможных действий не соответствовало бы их сущности.

Несмотря на то, что и в других местах в Новом Завете речь идет о чудодейственных силах, чудесах или действиях силы, остается открытым как именно это происходило: в Деяниях апостолов 2:22 рассказывается о чудесах и знамениях Иисуса, но без каких-либо объяснений. То же самое мы видим в послании Римлянам 15:18-19, когда Павел говорит о своем служении. В послании Евреям также без каких-либо подробностей сообщается просто о чудесах, которые подтверждают Благую Весть Иисуса Христа:

...при засвидетельствовании от Бога знамениями и чудесами, и различными силами, и раздаянием Духа Святого по Его воле? (Евр. 2:4)

Такие открытые формулировки приглашают нас не сужать наше мышление, но хранить сердце широко открытым. Тот, у кого к действию сил предвзятое отношение, и действовать может лишь ограниченно. Однако как жизнь разнообразна в своих проблемах, столь же многочислены и «чудодейственные» ответы, которыми Святой Дух хочет нас достигнуть. Одно лишь можно всегда сказать о даре «действия сил», в какой бы форме мы их ни встречали, – проявления этого дара выходят всегда далеко за наши рамки нормального или обычного. Следующее определение возможно звучит тривиально, но оно отражает главное: то, что для нас приходит как чудо, является у Бога стандартом. И что для нас сверхъестественно, то для Бога естественно. Поэтому мы должны быть готовы принять и признать Божье действие, каким бы необычным оно ни было. Это тем более необходимо подчеркнуть, потому что даже христиане кажутся закрытыми для многого, что им неизвестно или незнакомо. Но так не должно быть!

Бог ведь решил быть чудодейственным среди нас: когда Иисус превратил воду в вино или исцелил в один миг парализованного десятилетиями, это было творческим актом, который выводил тогда, и выводит нас и сегодня, за рамки нормального или обычного. Если я молюсь за больного раком, и он в тот же миг получает полностью здоровый и беспрепятственно функционирующий пищевод, то мы очевидно имеем дело с мгновенным чудом, а не с процессом исцеления.

Приведенный в Деян. 5:12-15 рассказ об исцелении больных осенявшей их тенью проходившего Петра, тоже выходит далеко за рамки естественного. О необычайных явлениях силы через апостола Павла написано в Деян. 19:12, даже дословно сказано, что это были необычайные явления силы:

Руками Павла Бог совершал необычайные явления силы. Так, что платки или фартуки с его тела относили к больным, – и их оставляли болезни, и выходили злые духи. (ОП34)

О таких актах освобождения и даже воскрешения из мертвых (Деян. 20:7-12) стоит упомянуть, как о последствиях действия силы. Восхищение Филиппа по дороге из Газы в Азот (Деян. 8:39-40) тоже описано как сверхъестественная работа Святого Духа.

На мой взгляд, именно такие события подразумеваются, когда Павел говорит о даре «действия сил». Сегодня Дух Святой действует как и прежде, и происходят чудеса разного рода: психические и фи-

____

34 *В тексте используется Открытый Перевод Нового Завета – работа межконфессиональной группы верующих, которую координирует Сергей Владимирович Ирюпин. За основу взяты переводы издательства «Протестант», которые велись в середине 90х годов, однако тогда работа над переводом была приостановлена.*

В Синодальном переводе это место звучит так: «Бог же творил немало чудес руками Павла, так что на больных возлагали платки и опоясания с тела его, и у них прекращались болезни, и злые духи выходили из них». (Прим. переводчика)

зические необыкновенные явления, изгнания бесов, чудотворения и многое другое.

Однажды моя жена Ирене испытала на себе физическое действие силы Божьей: на одной из женских конференций проповедница провозгласила, что она будет исцелена от хронической мигрени. Сопутствующая ей боль не только сразу исчезла, но и никогда больше не возвращалась – и это уже более 24 лет!

Благодаря дару чудотворения мы становимся более внимательными к силе Святого Духа, которая находится за пределами наших ограниченных возможностей. Это помогает нам – людям, которые часто замечают лишь видимое возможное, расширять собственный горизонт. Мы можем довериться Богу в невозможном! Конечно, наши желания и действительность часто расходятся. Поэтому я хочу вас призвать, искать не той реальности, которой мы себе желаем, но действенной реальности Святого Духа. Когда я читаю о даре чудотворений в Писании, я хочу верить тому, что Божье Слово истинно. И я хочу не только читать, но и действовать в силе.

На этом этапе я хочу подчеркнуть важный аспект, а именно то, что указывает на центр действия чудодейственных сил. Как дает ясно понять писавший послание Евреям, знамения и чудеса направляют наше внимание на главное: на Евангелие (Евр. 2:4). Также и другие места Писания указывают на подобный характер даров сил: Иисус посылал Своих учеников, чтобы исцелять больных и возвещать Царство Божье (Лк. 9:2, 10:9). Эти и другие повествования в Библии иллюстрируют то, как весть о Царстве Божьем сопровождалась у Иисуса и Его учеников чудесами и знамениями. Подобно указательным знакам действия силы Духа информируют о чем-то более важном, а не о самих себе: Богу нужны чудеса и знамения, чтобы подчеркнуть, что во время благовестия Он трудится Сам.

С Иисусом Царство Божье уже наступило (см. гл. 6). Однако оно вступит в полную силу согласно Новому Завету лишь в конце времен. Таким образом, оно еще не в полном объеме. Поэтому знамения и чудеса – одно из подтверждений реальности Божьего Царства. И они уже сейчас дают нам понять, как это будет, когда Царство Божье придет в полном объеме. Меня это воодушевляет. Я окрылен этим радостным предвкушением второго пришествия Христа и окончательного раскрытия Его правления на Земле. Как сотрудник уже установленного Царства я стремлюсь к тому, чтобы дары сил проявлялись при возвещении Евангелия. При этом я задаюсь вопросом вновь и вновь, что именно я могу сделать, чтобы этот дар в моем служении был реальностью.

Я заметил, что быстрее готов молиться о чуде, когда сам в безвыходной ситуации. Я не жалею усилий, проявляю настойчивость и постоянство. Основная причина моей чрезвычайно высокой мотивации, вероятно, в том, что меня это касается лично. Тогда как с даром чудотворения речь о моем ближнем. Святой Дух хочет послужить другому человеку в его нужде, вмешавшись сверхъестественно, как это делал Иисус, когда ходил по Земле. Благодаря этому люди прикасаются к Царству Божьему и могут немедленно отреагировать. Когда я об этом думаю, хочется молиться за этот дар с описанной уже ревностью. Тот факт, что чудеса происходили в ранней церкви и были очевидно необходимы, заставляет меня осознавать, что они и сегодня все также значительны и необходимы.

Конечно, Царство Божье никогда не переходит в наши руки. Оно остается, как и говорит Слово – Его Царством. Поэтому ни один христианин не может сотворить чудо собственными силами. Бог есть Тот, Кто совершает Свою работу в человеке – иногда прямо, иногда при помощи третьего лица. И даже когда чудотворения происходят через третье лицо, этот человек активно участвует в Божьей Воле, действуя в вере.

Что лично мы можем сделать, чтобы стать этим «третьим лицом»? Для этого я хочу набросать несколько пунктов:

- Мы должны просить и ревновать о том, чтобы быть употребленными Богом (согласно 1 Кор. 14:1);
- Близость к Богу помогает нам становиться чуткими к тому, что Он хочет делать;
- Тот, кто открывает свое сердце для нужд других, облегчает Божьи усилия в употреблении его в том, чтобы принести другим людям Его чудо;

- Бог действительно творит чудеса через нас. Мы можем на это рассчитывать.

Если мы на эти пункты обращаем внимание, то остаемся в активном состоянии ожидания и наши глаза открыты к тому, что хочет делать Бог.

Мы уже видели в Писании, что Иисуса и апостолов сопровождали чудеса и знамения. Многие годы я замечаю с сожалением, что у некоторых христиан все совсем наоборот: они бегают за чудесами и знамениями, а те за ними не следуют, к сожалению. Лично я принял решение не бегать за чудесами, но стремиться к тому, чтобы моя собственная жизнь сопровождалась чудотворением. Я это делаю не потому, что хочу духовных проявлений, а для людей, которых Бог хочет достичь Его спасительной Вестью. Я могу только призвать каждого из нас принять подобное решение.

В заключение хочу пересказать одну впечатляющую историю. Это свидетельство того, как Бог творит чудеса в жизни человека. Женщина, чей рассказ перед вами, позволила мне его опубликовать:

Моя история началась в маленькой деревеньке Центральной Германии. Я выросла в нормальной семье, с папой, мамой и младшей сестрой. Будучи детьми послевоенного времени, мои родители делали все для того, чтобы наше детство было счастливым. И мое детство было бы беззаботным, если бы не было насилия со стороны моего дяди. Это стало «семейной тайной».

То, что Бог есть на небесах, я понимала и в детстве, но то, что я могу жить в личных отношениях с моим Создателем через Иисуса Христа, я не понимала в мои юные годы. Мне нравились истории об Иисусе, которые я слышала на занятиях конфирмантов, но я не понимала, почему Он должен был умереть на Кресте. Откровение об этом я получила позже

В юности меня насиловали несколько раз. А у меня была мечта сохранить себя в чистоте для моего будущего мужа. Я чувствовала себя обесцененной, грязной и отвратительной. Кто теперь захочет быть со мной? С определенной периодичностью мне приходилось удалять постоянно возникавшие кисты и доброкачественные опухоли внизу живота. Я страдала от сильных болей, и во время прохождения учебы часто брала больничный.

В это время я встретилась с моим мужем. Это было как сон. В тот момент, когда он вошел в дверь, я услышала голос в моих ушах, сказавший: «Это твой муж». И нам обоим стало ясно, что мы принадлежим друг друг и будем вместе идти по жизни. Во всем этом была одна загвоздка: он был из уличной хулиганской среды, был изранен и полон насилия. Тогда как я была женщиной без чувства собственного достоинства. Но вместе мы начали искать Бога.

Казалось, что все усложнилось, когда осенью 1985 года в университетской клинике после очередной операции мне подтвердили, что я на 99 % бесплодна. Еще одна мечта просто лопнула – надежда родить хотя бы одного ребенка. Тогда я начала просто кричать к Богу из глубины моего сердца: «Если Ты действительно есть…» Через три месяца я ждала нашего первого сына. Мой гинеколог потерял дар речи.

И это было только первое чудо, которое мы пережили. Через 11 месяцев после рождения нашего сына, в 1987 году мы держали на руках нашу малышку. Вновь мой врач не мог в это поверить. Но мы знали, что Господь действовал и исполнял желания нашего сердца. В 1988 году на свет появился наш второй сын. Это был тот момент, когда я с моим гинекологом решила поговорить о Боге и Его вмешательстве в мою жизнь. Он был тронут, и ему не хватало слов. С тремя детьми мы решились пойти в Библейскую школу. А в 1991 году Бог снова доверил нам еще одну дочь. К этому времени мы последовали призыву Бога и поехали на миссию в Западную Европу. Наконец, в 1993 году Господь подарил нам еще одну девочку. Благодаря Иисусу Христу я смогла простить моего дядю и других мужчин, которые надругались надо мной и лишили меня моего достоинства. Да, это стало возможным, благословить их и просить Господа за них, чтобы они смогли познакомиться с Искупителем. У меня больше не находили кист и опухолей, и мои боли остались навсегда в прошлом.

Сегодня мы с мужем можем оглянуться на 30 лет нашей совместной жизни. Наша миссия в Европе продолжалась 25 лет, а теперь мы служим и за ее пределами.

Самым прекрасным подарком для меня было то, что все мои дети знают и любят Иисуса, и со всеми четырьмя детьми мы служим вместе Господу.

Это восхитительно доверять Господу, слушать Его и следовать Его указаниям. Я рада, что могла за эти годы много раз молиться с жертвами насилия и сопровождать их в их исцелении и восстановлении. Сегодня я могу из глубины моего сердца сказать: Все содействует ко благу тем, кто верит.

10 Дары речи

10.1 Дар иных языков

Являются ли иные языки признаком духовного крещения?

Обратимся к третьей категории духовных даров, так называемых даров речи: иные языки, истолкование языков и пророчество. Дар иных языков, пожалуй, тот дар (харизма), который вызывает наибольшее количество споров. С даром иных языков мы подходим в какой-то степени к разговору о «трудном подростке» – не в последнюю очередь еще и потому, что его часто и неудачно связывали с духовным крещением. В некоторых кругах это и сегодня остается так. Говорение на языках там является «initial evidence» (первоначальным доказательством). Этот термин вытекает из убеждения, распространенного, например, и сегодня среди американских братьев и сестер, что иные языки является свидетельством крещения в Духе Святом. В Германии же произошло повсеместное переосмысление.

В связи с этим я хочу с самого начала отметить, что из текстов Луки мы не можем вывести какой-либо свод правил, как конкретно проявляется духовное крещение. Из Деяний апостолов ясно вытекает только один факт, а именно то, что оно всегда сопровождается каким-то явным признаком: как правило, говорение на языках сопутствовало духовному крещению (Деян. 2:4, 10:46, 19:6), а также проявление силы (Деян. 4:31), пророчество (Деян. 19:6) и хвала (Деян. 2:11, 10:46, 11:15). В Деян. 8:17 тоже говорится о крещении, но не описано конкретно какие проявления сопровождали крещение в Духе Святом. По повествованию понятно только, что какие-то признаки были видимы.

В 1 Кор. 12:27-30 апостол Павел пишет, что ни один верующий не обладает всеми дарами:

Все ли имеют дары исцелений? Все ли говорят языками? Все ли истолкователи? (1 Кор. 12:30)

Апостол задает здесь риторический вопрос, на который должно последовать явное «нет»[35]. Иначе это было бы неверной интерпретацией его высказывания, ведь дар иных языков, как и всех другие, суверенно раздается Духом Божьим. Если бы он хотел сказать, что все христиане получают этот дар, он не должен был бы его упоминать. Но апостол сознательно включает его сюда. Есть теория, что Павел здесь говорит не об иных языках, которые получают верующие при духовном крещении, но о чем-то другом. С моей точки зрения, неприемлемо разделять дар иных языков на два разных дара. А если мы воспринимаем Павла всерьез и в то же время придерживаемся убеждения, что каждый христианин получает иные языки, то нам пришлось бы это сделать. Сторонники этой теории ссылаются на следующий стих.

> *Я хотел бы, чтобы все вы говорили на иных языках, но ещё больше я хотел бы, чтобы все вы пророчествовали. Пророчествующий более велик, чем говорящий на иных языках, если только нет истолкования его слова, чтобы собрание получило назидание.[36] (1 Кор. 14:5 ЕНЗ)*

Желание Павла, чтобы все говорили на языках, здесь переведено корректно, но не это реально заботит апостола, на мой взгляд, он желает всем христианам молиться на языках. Если бы это зависело от него, то вся община была бы в состоянии это делать. Но еще более он желает, чтобы все служили пророчески (1 Кор. 14:5, 24). Из высказывания о желании Павла, чтобы каждый этот дар получил, невозможно сделать вывод, что он у каждого был, к тому же в 1 Кор. 14:23 он предупреждает о возможной контрпродуктивности, если все вместе молятся на языках.

---

35 *Стихи в 1 Кор. 12:29-30 содержать 7 риторических вопросов, на все из них согласно греческой грамматике следует ответить «нет».*

36 *Приведен перевод Давида Стерна (Еврейский новый Завет). В Синодальном переводе этот стих звучит так: «Желаю, чтобы вы все говорили языками; но лучше, чтобы вы пророчествовали; ибо пророчествующий превосходнее того, кто говорит языками, разве он притом будет и изъяснять, чтобы церковь получила назидание» (Прим. переводчика).*

В принципе, я могу лишь согласиться с мнением Павла. Я тоже желаю, чтобы все верующие говорили на языках. Я придерживаюсь такого взгляда, что теоретически у каждого есть доступ к этому дару.

Однако это не означает, что действительно все говорят на языках. Причины могут быть различными. Некоторые, получив дар иных языков, его не практикуют. Они пренебрегают им, примерно как Тимофей (2 Тим. 1:6). Это приводит к тому, что он перестает присутствовать в их жизни.

Виды иных языков

После этой вводной дискуссии мы подходим к еще одному центральному аспекту, касающемуся дара иных языков. Если мы посмотрим на «γλῶσσα» (glōssa) – соответствующий термин из оригинального текста на греческом, мы столкнемся при переводе с несколькими особенностями: слово может означать как язык – орган тела, так и язык – знаковую систему. Поэтому уже из-за этого есть различные обозначения этого дара, например, «говорение на языках», «молитва на языках» или «иные языки».

Все эти обозначения правомерны и находятся в общем употреблении. К тому же Павел здесь снова использует множественное число, когда говорит о «видах языков», а не об одном «языковом даре». На мой взгляд это тоже – признак того, что иные языки могут принимать различные формы.

Следующая таблица представляет предварительный набросок различных видов иных языков.

Различные виды иных языков
Земные языки (Деян.2:4,6)
Поклонение (Ин.4:23; Деян.10:44-46; 1Кор.14:15)
Молитва благодарения (1Кор.14:16)
Ходатайственная молитва (Рим.8:26)
Знамения (Мк.16:17)
Средство назидания себя(1Кор.14:1-4)
Пророчествующий иной язык

Первый вид мы встречаем в Деян. 2:4, 6:

> *И исполнились все Духа Святого, и начали говорить на иных языках, как Дух давал им провещевать. Когда сделался этот шум, собрался народ, и пришёл в смятение, ибо каждый слышал их говорящих его наречием.*

Используемые здесь слова ясно показывают, что дар иных языков, с одной стороны, выражается в действительно существующих земных языках. Хотя речь может быть и о языках не земного происхождения (1 Кор. 13:1)

В частности из главы четырнадцать видно, что иные языки в первую очередь – личная молитва, с которой человек обращается к Богу (1 Кор. 14:2, 4, 14, 28). Это, пожалуй, единственный духовный дар, который дан не только поддерживать и укреплять церковь, но и для собственного назидания. Кто укрепился сам, тому легче помочь другому, делая доброе. Если смотреть с этой стороны, то, в конце концов, дар иных языков служит Телу Христа в целом.

Для темы иных языков особенна важна 14 глава 1-го послания Коринфянам, в которой глагол «говорить» встречается 24 раза – так много, как ни в какой другой главе Нового Завета! Это еще раз открывает нам, что Дух Божий хочет особенным образом действовать в вербальной коммуникации. Чудо, происходящее в человеке, говорящем на иных языках, становится более ясным, если мы подумаем, что нам нужно для изучения иностранного языка. Нужен не только талант, но прежде всего время, усилия и дисциплина. По сравнению с этим иные языки — это не поддающийся изучению подарок Божий. С ним мы получаем возможность высказываться на языке, который нам выбирает Дух Святой.

Иногда я могу, молясь, воспринимать что-то, происходящее сокрыто, на что у меня и слов нет. В таком случае я могу надеятся, что Бог мне дает правильные слова. Нередко я спрашиваю сначала разрешения на молитву на иных языках у людей, которых хочу подвести к Богу. Таким образом я назидаю себя лично и одновременно благословляю человека. Снова и снова я переживаю при этом, как Бог во время такой молитвы показывает то, о чем я сейчас молюсь, и мое откровение потом подтверждается в дальнейшем разговоре с человеком.

Я очень благодарен за такой способ общения и его разнообразие. Как уже было сказано, иные языки в некоторых случаях могут проявляться в разных видах, в том числе как поклонение – просто для одного примера из многих. Лично я не слыву одаренным певцом прославления, однако как-то моя соседка сказала мне в лифте, что ей нравится мое пение. Она сказала мне: «Вы так красиво поете». И речь шла совсем не о реальных песнях, я молился и пел громко в моем бюро на языках. Вероятно она это услышала и нашла приятным. Так что на иных языках можно благодарить в молитве и поклоняться, и при этом извлечь немалую пользу.

В целом, я считаю, что говорение на иных языках самый оспариваемый духовный дар из всех. Тем более я хочу напомнить о благословениях, которые могут быть дарованы через него как церкви, так и человеку в отдельности. К тому же примечателен тот факт, что молящийся не может грешить на небесном языке. Наши земные языки огрубели, они осквернены крепкими выражениями всех сортов, запятнаны злыми словами, которыми мы уже нанесли ущерб. С языками Святого Духа такое вообще не может произойти.

После того как мы рассмотрели некоторые виды говорения на иных языках, мы можем констатировать, что адресат определяет форму иных языков. Все виды, о которых я говорил, адресованы Богу. Когда мы молимся на языках — наедине или с другими — то мы обращаемся всегда к Богу. Никто другой кроме Него не понимает того, что мы Ему говорим (1 Кор. 14:2). То же действительно и для пения на языках. Здесь человек устремляется со своим восхвалением к Богу. По сравнению с общей молитвой на языках пение звучит гармонично и почти упорядоченно. Поэтому не удивительно, что в настоящее время такая форма иных языков используется на Богослужении, как правило, с учетом возможных гостей.

Однако кроме обращенных к Богу форм существует и дальнейший вид говорения на иных языках: иные языки, адресованные человеку. Он должен сопровождаться еще одним даром – даром толкования. Только тогда община может что-то получить из незнакомых слов Духа. Поскольку этот дар тесно связан с говорением на иных языках, я хочу включить его в эту главу.

Толкование иных языков

Павел продолжает в 1 Кор. 14:13, что этот направленный к людям, действующий духовно дар не может оставаться непонятным: «говорящий на незнакомом языке, молись о даре истолкования». Поэтому я хочу всех нас призвать стремиться к тому, чтобы сказанное стало по возможности доступным. Мало толку говорить на новых языках и не получить к этому истолкования. Но нам не позволительно забывать: этот духовный дар (как и все прочие) дается к назиданию ближних и послужит им, если они поймут сказанное!

Мое собственное духовное крещение сопровождалось пророческими словами и откровением. Дар говорения на иных языках я получил спустя четыре дня, когда чистил стойло! После этого я часами прославлял Господа на незнакомых языках. Прагматичная, как всегда, моя жена пришла ко мне и спросила: «Почему бы тебе не толковать сказанное? Разве в Священном Писании не об этом написано?» Так было положено начало моей молитвы о даре истолкования (1 Кор. 12:10). Сегодня я часто получаю откровения о том, о чем молюсь на иных языках.

В этом контексте примечательно, что термин «назидание» проходит через всю четырнадцатою главу первого послания Коринфянам, становясь ведущим принципом (стихи 3, 4, 5, 12, 17 и 26). На это стоит обратить внимание и соответствующим образом действовать. Как может стать назиданием для моего брата или сестры, если я к ним обращусь на незнакомом им языке? Я должен убедиться, что кто-то истолкует слова, чтобы сказанное дошло до адресата.[37] И если я не могу обеспечить этого, то мне лучше молчать. (1 Кор. 14:28)

Но откуда человеку знать, сможет ли кто-нибудь истолковывать сказанное, если сам он не обладает даром истолкования? Из библейского текста можно заключить, что руководство общины знало об одаренности каждого в общине и могло сказать к кому в такой ситуации обратиться. Из этого можно сделать вывод, что этот дар, как и любой другой, должен использоваться в согласии с руководством общины. Эти мысли приводят к вопросам, которые мы затронем в следующей части: Как может функционировать на Богослужении совместная молитва на языках? Должны ли мы вообще ее практиковать? Какие возможности нас ожидают? Какие требования стоит соблюдать?

---

37 «Истолкование» языков звучит на греческом «ἑρμηνεία» (hermēneía) и означает как «разъяснение, раскрытие смысла», так и просто «перевод». Но поскольку здесь речь не о работе ума, то здесь следует избегать прямой ассоциации с работой переводчика

Молитва на иных языках на Богослужении – возможности и требования.

Лично я – сторонник пения на языках и негромкой молитвы на языках во время публичных мероприятий – в определенных пределах. Мы видим и в Новом Завете, что иные языки наших братьев и сестер в ранней церкви можно было слышать:

> *...ибо слышали их говорящих языками и величающих Бога.*
> *(Деян. 10:46)*

Это место Писания наряду с другими (напр. Откр. 19:6) явно говорит о том, что совместная громкая молитва для ранней церкви не была чем-то необычным. И в Ветхом Завете мы встречаем немало мест, где говорится о том, что большое количество народа вместе возвышало свой голос к Богу (Суд. 21:2). Мне в такие моменты помогают мысли о наших духовных корнях – Израиле. Благодаря моим регулярным посещениям этой страны у меня перед глазами четкая картина Стены Плача и молящихся возле нее людей. Многие верующие стоят там и бормочут вполголоса. Каждый возносит к Богу свою собственную молитву. В целом это слышится как гул. Никто друг другу не мешает, потому что сосредоточен на своем личном диалоге с Богом. Мне тоже не мешает, когда вокруг меня молятся. Напротив, это усиливает мою молитву, так как я чувствую себя частью целого, как ручей, вливающийся в реку и поглощенный ею.

Именно поэтому имеет смысл вполголоса молиться или петь всем одновременно на наших собраниях – на понятном языке или на иных языках. Тогда мы не должны ждать, чтобы молиться друг за другом. Поскольку подобное в нашей местной культуре воспринимается как что-то беспорядочное, я рекомендую на открытых Богослужениях вместе петь на иных языках.

Совместная громкая молитва на иных языках, к сожалению, часто приводит к неприятным ситуациям. Иногда кто-то думает, что громкая молитва более духовная, и он хочет, чтобы его таковым воспринимали, и пытается перекричать других. Нередко из-за этого бывают «соревнования по громкости» кричащих на языках братьев и сестер. Другие придерживаются мнения, что общину надо оглушать в микрофон. Но пока нет никого, кто бы истолковал сказанное, все это непродуктивно, и молящимся вообще-то лучше молчать.

Здесь стоит принципиально отметить, что молитва на языках – это не экстатическое лопотание или состояние транса, в которое впадает молящийся. В Рим. 8:26 Павел говорит о том, что Дух Божий ходатайствует за нас в неизреченных вздохах, когда мы не знаем, о чем должны молиться. Хотя слова для нас и непонятны, так как говорятся тайны, которые оставляют наш разум «пустым», однако нет никакого указания на то, что при этом мы должны терять контроль над собой. Совсем наоборот – молящийся получает не дух рабства (Рим. 8:15), а сохраняет свою свободу. То, что в харизматических общинах часто происходит в молитве как неестественное или даже странное, в большей степени связано с личными предпочтениями молящегося, чем со Святым Духом. Непредосудительно иметь свой собственный стиль, если это не мешает распространению Евангелия (1 Кор. 14:23). Мы не знаем как выглядела молитва апостола Павла, когда он оставался наедине, но среди людей он был скромным ради церкви (2 Кор. 5:13).

Поэтому Павел говорит довольно ясно о верном обращении с иными языками на Богослужении. И его обоснования убедительны (1 Кор. 14). Представьте себе: неверующий входит в собрание и сталкивается с церковью, невероятно громко молящейся на иных языках. Скорее всего он подумает, что молящиеся сошли с ума. К сожалению, я бывал в таких ситуациях. У посетителей, впервые пришедших на Богослужение, складывалось впечатление, что некоторые члены церкви страдают от психических заболеваний. Поэтому не лишним будет еще раз подчеркнуть, что совместная молитва на иных языках не для выступлений отдельных личностей, у нее более высокая цель, в частности, она служит для благодарения Бога и прославления.

К моему большому сожалению, упомянутые выше злоупотребления во многих церквях привели к тому, что вместе с водой выплеснули и ребенка. Совместную молитву па языках на Богослужении просто запретили. Но ведь можно быть духовным без того, чтобы быть странным.

Давайте вернемся к уже упомянутым предписаниям для различного использования говорения на иных языках. Как мы уже видели в посланиях апостола Павла: пока молитва на языках практикуется для назидания самого себя или в форме совместного поклонения, нет большой необходимости в истолковании. Но если мы обращаемся на иных языках к церкви (1 Кор. 14:26), должен соблюдаться определенный порядок (1 Кор. 14:28-31).

Когда дело касается личного назидания, то Павел желает, чтобы по возможности каждый мог молиться на языках. Но если речь о молитве на языках, как части совместного Богослужения, то целью остается поддержка людей ясным и понятным учением. Потому Павел и говорит, что он ценит личную молитву на языках (14, 19): «но в церкви хочу лучше пять слов сказать умом моим, чтобы и других наставить, нежели тьму слов на незнакомом языке». Ведь существенная причина совместных Богослужений в первую очередь не личное назидание, а общность.

ЯВЛЯЕТСЯ ЛИ ГОВОРЕНИЕ НА ЯЗЫКАХ НЕЗНАЧИТЕЛЬНЫМ ДАРОМ?

Я бы хотел сейчас обратиться к упомянутому желанию Павла, чтобы все в Коринфе говорили на иных языках (1 Кор. 14:5). Апостол здесь ясно выражает, что этот дар совершенно не является незначительным или ничтожным по отношению к другим, как некоторые думают. То, что он вместе с даром истолкования языков стоит последним в списке, никак не означает, что он менее важен, чем другие дары. В самом порядке нет никакой оценки. Павел восторженно молился на языках и высоко ценил этот дар (1 Кор. 14:4, 15, 17; Рим. 8:26, Еф. 6:18). Поэтому он и мог столь смело заявить, что более других молится на языках (1 Кор. 14:18). Он придавал ценность молитве «умом», но не хотел упускать возможность общения через духовный дар. Он пишет о нем, как о важном и желанном. То, что Павел в

1 Кор. 14 его ограничивает, связано не с самим даром[38], а с причиной, почему послание было написано.

КАК МОЖНО ПОЛУЧИТЬ ДАР ГОВОРЕНИЯ НА ЯЗЫКАХ?

На мой взгляд было бы неправильно представить здесь инструкцию, как можно получить этот столь желанный духовный дар. Да мне и вряд ли бы это удалось, ведь Дух Святой действует так, как Он хочет. И все же некоторые полезные рекомендации, возможно, кому-то уже знакомые, существуют:

У нас есть обещание нашего Господа, что нам будет дано, если мы Его просим (Мф. 7:7). В свою очередь, и Павел советует нам ревновать о дарах духовных (1 Кор. 14:1). Таким образом этот дар получают через просьбу, настойчивые прошения и молитву с возложением рук. Безусловно, нужно осознавать, что то, что мы просим, необходимо нам и полезно. Когда Божий Дух дает нам слова, мы должны их произносить. У некоторых людей сначала получаются только обрывки. Это не страшно. Каждый дар начинается с малого и потом развивается при употреблении оного. Важно, чтобы получивший начинал произносить слова сам, а не только просто за кем-то их повторять.

Для жителей Германии, привыкших к порядку и благопристойности, новый язык может показаться странным, ведь иной язык для молящегося непонятен (1 Кор. 14:14, 16). Но известно, что Дух Святой идет в Своем действии иными путями и с удовольствием переворачивает установленные нами порядки вверх дном. К этому относится и незнакомое, и небесное. Ты – тот, кто активирует дар. Это твое волевое решение. Согласно моему пониманию Писания – это единственный духовный дар, который мы можем практиковать тогда, когда хотим. При этом я убеждаюсь каждый раз заново, что говорение на иных языках мне доступно. Поскольку я употребляю

---

38 *Как уже говорилось, Павел писал только тогда о дарах Духа, когда хотел поправить недостатки в церквах. В Коринфе сложилось положение, нарушающее порядок. Некоторые из братьев и сестер в церкви явно считали, что должны проповедовать и учить на иных языках (1 Кор. 14:6, 19).*

дар правильно, растет как мое доверие Богу, так и моя вера, что Он меня снова и снова одаривает.

Павел объясняет в 1 Кор. 14:15: «Стану молиться духом...» Я верю, что мы должны уподобиться ему и сказать Богу: «Я хочу!»

10.2 Дар пророчества

Самый упоминаемый дар среди всех духовных даров (харизм) в Новом Завете – пророчество. Этот факт наводит на предположение, что пророческие обращения в ранних церквях были весьма распространенным явлением. Безусловно это отражает связь с иудейским наследием общин. Но все же назидательное пророчество Нового Завета отчетливо отличается от осуждающих слов пророков Ветхого Завета. Это скорее подтверждает высказанное предположение. Пророчество встречается в Новом Завете как само собой разумеющееся действие, потому что оно было частью повседневной жизни общины.

Слово «пророчество» (προφητεία, prophēteia) буквально переводится с греческого как «говорить для кого-то» или «говорить вместо кого-то». В Павловом списке духовных даров слово «пророчество» употреблено как существительное в единственном числе, что может указывать на то, что каждое отдельное пророчество — это дар (харизма) от Бога. При этом Павел не говорит здесь о даре быть пророком. Согласно Новому Завету передача пророческих слов открыта теоретически для каждого из нас в той мере, какую дает нам Дух Святой (Деян. 2:17; 1 Кор. 14:24, 31). Павел прямо призывает всех христиан стремиться к этому дару (1 Кор. 14:1, 39). Тем не менее пророчества в среде верующих распределены в разной степени частоты и интенсивности.

Три уровня пророческого служения

В Новом Завете прямо говорится о пророках, которые отличаются от пророчествующих в духовном даре и образуют особую группу (1 Кор. 12:28; Деян. 21:9). Не каждый, кто пророчествует, одновременно в Новом Завете является пророком. Павел явно различает это. Соответственно и я хотел бы говорить о даре пророчества, служителе в даре (харизме) и служении пророка.

Это разница связана с различной мерой оснащения верующих дарами, о которой я говорил в начале книги. Пророчество, как все дары Нового Завета, дается одному в большей, другому в меньшей мере. На это указывает Павел в Рим. 12:6, когда упоминает, что пророчество, как и другие дары, встречается только в определенной «мере». Но мы не можем на основании этого утверждать, что человек обладает этим даром, когда действует в Духе Святом. Только в говорении на иных языках человек обладает личной инициативой, если он язык получил. Но и тут видно, что дар применяется с различной интенсивностью, например, Павел молился на языках более, чем остальные братья и сестры (1 Кор. 14:18). Кроме того следует помнить, что верующий может пренебрегать дарами Господа, например, Тимофей должен был возгревать свой дар (1 Тим. 4:14; 2 Тим. 1:6). Это тоже подтверждает существование различий при выражении даров.

Некоторые теологи из этого выводят различные ступени пророчествования. Разделение, которое поддерживаю и я, представляет собой вычленение трех уровней, как например, излагают Майк Бикл и Майкл Салливан. Однако надо сказать, что это различие довольно условно и его можно рассматривать лишь как вспомогательное средство к пониманию дара, потому что Святой Дух ускользает из наших жестких границ, к тому же пророческое служение постоянное развивается.

СТУПЕНЬ I – ПРОСТОЕ ПРОРОЧЕСТВО.

Простое пророчество в принципе доступно каждому христианину, который обращается к Богу. Оно не включает в себя увещевания, указания или «предсказания» будущего. Исключения подтверждают правило и в этом случае. Доля собственных мыслей и чувств, которые передает пророчествующий, на этой ступени довольно высока (см. изображение в разделе «Путь пророческого слова»). Вероятно, поэтому общины и церкви уделяют мало внимания этой форме. Однако мы должны рассматривать ее как отдельную форму пророчества, которая может быть развита дальше.

В зависимости от того, в каком окружении выросли или находятся верующие, они используют различные формулировки, когда пророчествуют на этой ступени. Некоторые говорят, что Бог им сказал, другие, – что получили Слово от Бога. А кто-то получает особое откровение из текста при чтении Библии. Вероятно, не все читатели согласятся с этим взглядом, но я считаю, что пророчество начинается уже здесь. Я бы не стал мешать братьям и сестрам, получившим лишь место из Библии, передавать его дальше. Однако мы не должны оставаться только на этой ступени, но просить у Бога больше откровений, потому что опыт показывает, что если оставаться долго на этом уровне, то пророчество в общине стихает.

Ступень II – дар пророчества

Вторая ступень касается верующих, которые регулярно получают сны, ощущения, видения или другие виды откровения. Если я говорю о такой группе, то я их с удовольствием называю «пророчески одаренными» или «личностями с даром пророчества» (Рим. 12:6, 1 Кор. 12:10). Дух Божий раздает этот дар тем, кто об этом серьезно просит Господа (1 Кор. 14:24, 31). Послания, которые эти люди получают, как правило, очень символичны и принимают форму притч или картин-ребусов. Кроме того эта группа чаще получает пророческую информацию, чем первая. Они известны в церкви, их служение ценится, они находятся под руководством поместной церкви.

Широко распространено заблуждение, что человек с пророческим даром (харизмой) должен брать на себя ответственность руководства. За это отвечают не люди с пророческим даром, а местные руководители, которые к этому призваны. Вторая ступень пророчества движется в рамках назидания, увещания и утешения (1 Кор. 14:3). Люди, ответственно служащие в этом даре, знают, что не все, что они получают, – от Бога, хотя доля Божьего откровения на этой ступени может быть больше, чем на первой (см. изображение в разделе «Путь пророческого слова»).

Какое благословенное влияние может оказывать духовный дар пророчества, я хочу продемонстрировать на одном событии, свидетелем которого я стал какое-то время тому назад. Одному молодому человеку было дано с кафедры слово утешения. В последующем разговоре он рассказал мне, что тем утром просил Бога об ободрении в его проблематичной ситуации. Когда на Богослужении к нему обратились напрямую, он осознал, что Бог услышал его молитву и стоит рядом в трудные времена, это снова наполнило его душу светом.

Ступень III – СЛУЖЕНИЕ ПРОРОКОВ

Функция тех верующих, кто становится пророком-служителем, немного напоминает служение ветхозаветных пророков. Я осознанно говорю «немного», потому что пророк в Ветхом Завете отличается от новозаветной позиции пророков[39].

В то время как дар пророка – подарок Святого Духа отдельному верующему, служение пророка – подарок Иисуса всей Церкви к оснащению верующих (Еф. 4:11-14). Люди, которые призваны к такому служению или позиции, служат часто со знамениями и чудесами, и испытание их откровений снова и снова показывает, что они верно воспроизводят Слово Божье. Что однако не означает, что они не ошибаются. И здесь действительно: «Все испытывайте, хорошего держитесь» (1 Фес. 5:21). Их авторитет редко ставится под вопрос, потому что, если оглянуться на их служение можно увидеть много исполнившихся пророчеств ими произнесенных, чем и подтверждается их надежность.

Поскольку основная задача пророка-служителя – оснащение и обучение церкви, им необходимо много терпения и выдержки. Их служение масштабно и связано с большой ответственностью, что делает его не простым.

---

39 *Ветхозаветный пророк стоял между Богом и народом Израиля. Новозаветный пророк соединен с общиной. В то время как пророк Ветхого Завета должен был подтвердить свой авторитет, церковь в состоянии распознать новозаветного пророка. Ему не нужно особенно выделяться, тем более, что у него и нет такой же власти, как у прежних пророков.*

К посланиям пророков относятся не только слова для назидания, увещания и утешения, но и «вызывающие» слова. Однажды хорошо знакомого мне пророка позвали к постели человека, находящегося на пороге смерти. Родственники и близкие интенсивно молились об исцелении, и многие были уверены, что Бог восстановит его здоровье. Господь же проговорил пророку, что человек должен подготовиться к дороге домой, ведь цель нашей жизни – вечное спасение души (1 Петр. 1:9), и человеку положено умереть (Евр. 9:27). В конце концов, этот человек скончался на больничной койке. Столь неприятным посланием мой друг вызвал критику в свой адрес. Он был назван «недуховным», некоторые считали, что ему не хватает веры. Такой опыт был для него весьма болезненным. Но к служению пророка принадлежит и то, и другое: не только совершать чудеса и знамения, но и передавать послания, которые в земной жизни не очень-то желанны. В конце концов, его задача возвещать Слово Божье, а не человеческую речь.

Я сам многократно сталкивался с людьми, которые находятся на I и II ступенях. По моему мнению большая часть христиан, которые пророчествуют в церквях, принадлежат к одной из этих двух групп. Служение пророка встречается реже, но оно обогащает Тело Христово. Позднее мы еще раз рассмотрим это служение.

Путь пророческого слова

Поскольку я очень часто служу пророчески и учу об этом, меня снова и снова спрашивают, как Бог говорит через пророчество. Та формулировка, которую лично я считаю наиболее подходящей, принадлежит Уэйну Грудему. Он пишет, что пророчество прежде всего означает «произношение человеческих слов, чтобы рассказать о том, что Бог помещает нам в голову»[40]. Как уже подчеркивалось в последнем пункте, не все, что люди передают в рамках пророчества, обязательно от Бога. Мой старый товарищ Гюнтер Кархер как-то сказал: «Пророчество – это воспроизведение мыслей Бога, преломленных

---

40 Грудем, Уэйн. Дар пророчества. / Уэйн Грудем. – Нюрнберг, 1994. – С. 24

через призму собственного языка и преломленных через собственную индивидуальность».[41] Следовательно пророческие действия, несмотря на их Божественное происхождение, смешиваются с человеческими переживаниями и требуют испытания.

Как же отличить побуждения Святого Духа от наших собственных мыслей? Чтобы проиллюстрировать это, я хочу обратиться к истории сотворения мира.

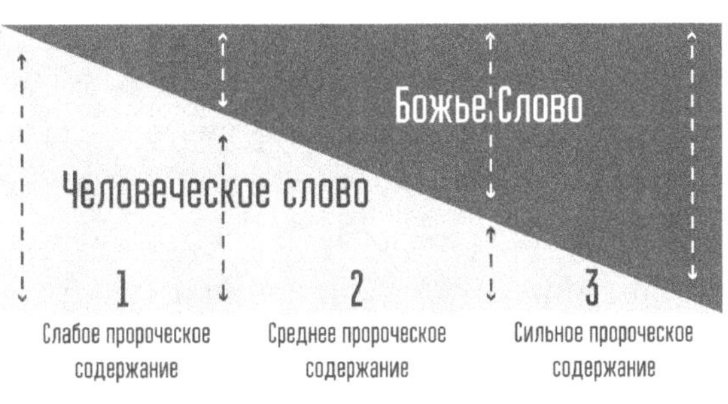

Когда Бог сотворил Адама и Еву, общение между Ним и обоими людьми было свободным. Они слышали голос Бога (Быт. 3:8), и у них были прямые отношения. Грехопадение, о котором мы говорили в первой главе этой книги, разорвало эту коммуникацию: грех отделил человека от Бога. Но Бог нашел выход, чтобы возобновить контакт между Ним и человеком. Для более точного объяснения нам необходим небольшой экскурс в библейское учение о человеке.

Библия представляет собственный образ человека или, лучше сказать, повествует о различных представлениях человека. Она говорит о духе человека, его душе и видимом теле. Дух и душа при этом часто противостоят плоти, а иногда они выглядят одним и тем же. Не вдаваясь в подробности, хочу отметить, что Библия не знает никакого грубого деления человека на три части. Поэтому и я не придерживаюсь трехчастного взгляда на человеческий облик. Однако эти три понятия служат мне для того, чтобы лучше постичь общение с Богом. Возможно, следующие замечания помогут тому или иному читателю.

Человеческий дух считается возрожденным, как только кто-то становится дитем Божьим (Рим. 8:16). Бог говорит именно в дух человека посредством Духа Святого, который способен общаться с

---

41 Кархер, Гюнтер. Пневматология II. / Гюнтер Кархер. – Эрцхаузен, 2007

человеческим духом (1 Кор. 2:10). Затем наш дух передает эти импульсы нашей душе. Душа считается местом расположения эмоций, желаний и воли человека. Она является нашим «я», центром нашей личности (Мф. 11:29, 26:38; Ин. 12:27). Плоть – своего рода физическое оборудование, посредством которого наш дух и душа вступают в контакт с материальным миром. Духом человек приходит на других уровнях бытия в соприкосновение с речью Бога.

По моему мнению все дела, подготовленные Богом, совершаются, в основном, трижды: с Господом, в духе и, наконец, в реальной жизни. Моисей до того, как приступил к реализации и постройке скинии, сначала получил ее план на горе Синай (Исх. 25:1-9). В Мф. 6:10 не зря сказано: «да придёт Царствие Твоё; да будет воля Твоя и на земле, как на небе». Павел тоже говорит о том, что Бог уже подготовил некоторые вещи на небе (Еф. 2:10).

И теперь мы подходим к пониманию пророчества в полноте происходящего: пророческое слово служит для того, чтобы раскрыть нам то, что хочет делать Бог. Потом можно начинать осуществление открытого. Но не каждое пророчество исполняется, потому что поведение самого человека может блокировать реализацию. Хотя Бог и подготавливает, но не всегда задуманное доводится до конца.

Теоретически мне всегда было известно, что у Бога есть Его собственные планы для трех моих сыновей. Но практически мне было не всегда легко думать об этом, потому что я не мог смириться с

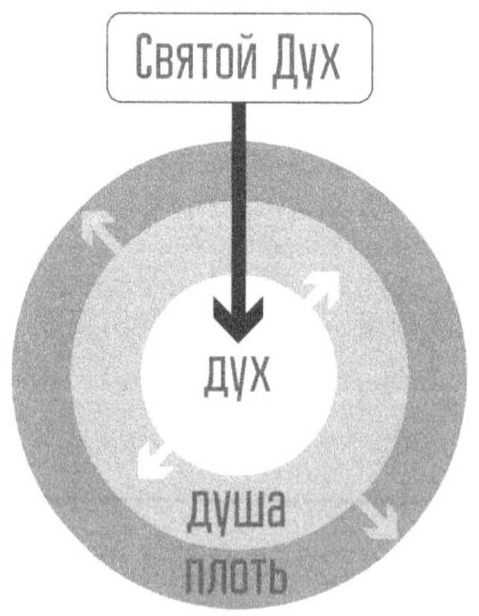

тем, какие пути они выбирали. Эти дороги были не такими, как я их представлял себе для моих сыновей. Тогда я пел мою плачевную песнь, подобно Иеремии, пред Господом. Но пришли времена, в которых мой плач не утешал меня, и мне вспомнилась молитва «Отче наш». Когда я молился, чтобы свершалась Божья Воля «и на земле, как на небе», мне вдруг стало кое-что ясно: я не имел понятия, каков был небесный план для них. Я не знал, что я, как отец, должен делать, чтобы Божья Воля могла войти в их жизни. И я изменил мою молитву, спрашивая Господа, какие у Него мысли, что Он желает. Когда стало все более и более понятно, как выглядит Божий план для них, я начал вести себя с ними по-другому. Если мы смотрим на людей Божьими глазами и соответственно к ним относимся, мы помогаем им становиться такими, какими они должны быть. Как только я сделал так, разочарование утихло, и в Божьей благодати я начал готовить небесное на Земле. И оно стало исполняться.

Для лучшей классификации я хочу на этом месте дать краткий обзор различных способов, как Бог может с нами говорить. Ибо когда Бог говорит с людьми посредством Духа Святого, это не всегда пророчество. В следующей таблице названы и другие важные формы:

ОБРАЩЕНИЯ БОГА ДУХОМ СВЯТЫМ В ДУХ
Откровение о том, что собственный путь ведет к гибели (Деян. 26:18)
Вдохновение к правильным словам и мыслям в трудных ситуациях (Мк. 13:11)
Обращение Бога через Святое Писание (Ин. 14:26)
Возможность увидеть невидимый мир (4 Цар. 6:16-17)
Видения (2 Кор. 12:2)
Различные формы пророчества

ФОРМЫ ПРОРОЧЕСТВ

То, что касается Его обращения посредством Духа Святого в целом, действительно и для пророчеств в частности: Бог не всегда выбирает одну и ту же форму, чтобы общаться с человеком. Я хочу показать несколько важных способов, как нас достигает пророчество от Него.

ВИЗУАЛЬНОЕ ИЛИ ЗРИМОЕ ПРОРОЧЕСТВО

Визуальное пророчество относится к такой форме пророчеств, которые наиболее распространены в наших церковных общинах. Верующие получают образы, вызванные Духом Святым, и сами их истолковывают. Например, как видение с животными на полотне у Петра, о котором повествует книга Деяний апостолов (Деян. 10:9-24).

Сны – еще один пример визуального пророчества. Мы видим во всей Библии, что Бог обращается к людям через переживания во сне. При этом, конечно, не всякий сон обязательно от Бога – всем снятся сны и по самым различным причинам. В книге Иоиля 2:28 нам обещано, что в частности пожилые люди будут получать сны от Бога. Я заметил в последние годы, что количество моих снов, в которых действует Божий Дух, возросло. Возможно, потому, что я становлюсь старше, и благодаря моему жизненному опыту у меня больше желания разбирать те переживания, что посылает мне Бог. А может быть сны – это Божий путь, чтобы обойти некоторые из моих фильтров.

АУДИАЛЬНОЕ ИЛИ СЛЫШИМОЕ ПРОРОЧЕСТВО

Не каждый, кто активен в пророчествах, получает образные послания от Святого Духа. К некоторым Бог обращается через аудиальные пророчества, открывая Себя в словах, которые человек слышит внутри себя. Такие люди слышат Голос Божий, когда говорит Дух Святой, в то время как все другие присутствующие это не воспринимают. Известным примером человека, пережившего обращение Бога в аудиальной или слышимой форме является Савл, который на пути в Дамаск упал на землю и слышал голос Иисуса (Деян. 9:3-19).

ГЛОССАЛЬНОЕ ИЛИ РЕЧЕВОЕ ПРОРОЧЕСТВО

Также и дар иных языков, соединенный с даром истолкования, может быть пророческим словом и его можно обозначить как глоссальное пророчество. Если кто-то в общине получает на иных языках послание, предназначенное всему собранию, а другой в духе может перевести его в понятные слова, то это речь пророческого характера. В настоящее время такое действие Духа Святого в немецких церковных общинах встречается реже, чем лет тридцать назад. В те времена подобное было обычной частью Богослужения. Возможно, перемена произошла из-за изменения форм Богослужения и их посетителей.

Демонстрирующее или иллюстрирующее пророчество

Еще одну форму пророчеств, о которой нам говорит Библия, мы в настоящее время почти нигде не наблюдаем: речь о демонстрирующем пророчестве. Оно выражается через знаковые действия. В Ветхом Завете таких очень много. Так Иеремия совершал символические действия и ими наглядно иллюстрировал обращение Бога: он прятал льняной пояс (Иер. 13:1-11), демонстративно разбивал глиняный кувшин (Иер. 19:1-13) или бросал книгу в Евфрат (Иер. 51:59-64). Среди новозаветных примеров мы видим Агава, который связывал руки и ноги поясом, чтобы пророчествовать Павлу, что с ним так поступят в Иерусалиме (Деян. 21:10).

Керигматическое пророчество или провозглашение

Одной из довольно распространенных форм пророчества, которая тем не менее часто не воспринимается как пророчество является керигматическое пророчество или пророческое провозглашение. Во время подготовки проповедник ищет Божьего присутствия и просит Его о правильных мыслях и словах для провозглашения Благой вести. Он спрашивает Святого Духа, что именно сейчас важно для общины и позволяет Ему вдохновлять и направлять себя во время как подготовки проповеди, так и проповедования. Речь Петра (Деян. 4:8-12) и Стефана (Деян. 7:55-56) являются библейскими примерами керигматического пророчества. В обоих случаях написано, что они были исполнены Духа Святого для проповеди. Пророчество такого рода особенно действенно, ведь слушающие, как правило, открыты для проповеди, и у говорящего есть определенные временные рамки, чтобы объяснить послание различными способами. По моему мнению каждый проповедник должен претендовать на то, чтобы его проповедь была вдохновлена Святым Духом.

ТРЕБОВАНИЯ ДЛЯ ПОЛУЧЕНИЯ ПРОРОЧЕСКОГО ДАРА

Чтобы слышать Божий голос, сначала надо решиться стать Божьим Дитем, решиться следовать за Иисусом и направлять себя к этому служению. Каждый человек призывается Богом лично[42]. Некоторым кажется, что Бог начинает думать о них только тогда, когда они приходят к вере, и тогда удивленно вопрошает Себя: «Что ж Мне с ним (ней) теперь делать?»

Но это не так! Призвание Божье для жизни каждого является частью небесного плана, который задуман еще до того, как человек и пальцем для Бога не шевельнул. Павел показывает эту связь в послании Ефесянам 2:10:

Ибо мы – Его творение, созданы во Христе Иисусе на добрые дела, которые Бог предназначил нам исполнять.

К этому призванию стоит прислушаться. Ни библейская школа, ни дисциплина, ни пост или молитва не изменят его. Однако духовные упражнения служат к высвобождению и продвижению божественного предназначения. Дело не в том, что Бог кого-то назначает пророком или выделяет ему духовный дар. Скорее дары и призвания, которые Он для нас запланировал, должны быть разбужены. Верующие должны служить данным им даром благодати (1 Петр. 4:10). Мы не должны забывать, что все дары важны, ценны и имеют большое значение для Тела Христова. Иисус хочет каждого из Своих детей употребить так, чтобы мы служили друг другу тем даром, который получили, чтобы Церковь могла расти и здраво развиваться. Такая внутренняя готовность необходима, чтобы получить дары (харизмы), в том числе пророческое слово. Написано, что мы должны ревновать обо всех дарах, но особенно, чтобы пророчествовать (1 Кор. 12:31, 14:1; 2 Тим. 1:6). Но если нас интересует только пророчество, а другие деяния, приготовленные нам Богом, мы оставляем без внимания, как бы не стоять нам, в конце концов, с пустыми руками.

---

42 *Термин «призвание» описывается по-разному, и в Новом Завете не всегда используется в том же значении как здесь. Если я говорю о призвании, то имею в виду своего рода план или предназначение от Бога для каждого отдельно взятого человека. Речь не об общем плане спасения, который Бог предопределил, как, например, усыновление в Боге.*

Как же нужно на практике здраво ревновать о пророчестве, стремиться к нему или, как иногда переводят, пылать для него? Лично для меня это означает быть с Иисусом на связи и быть в Нем, ведь без Него мы не можем ничего (Ин. 15:1-8). Он обращается к нам и сегодня, а Его овцы слышат Его голос (Ин. 10:27). Однако наши отношения с Ним – важный ключ к тому, чтобы знать Пастыря.

Под ревностью не стоит ни в коем случае понимать напряженный поиск. Когда люди одержимы пророчеством, они рискуют, в конце концов, обратиться к чему-то человеческому или естественному, думая, что это от Духа. Вместо этого нужно прислушиваться к Духу Святому и Его обращениям, т.е. настроить «духовную» антенну на прием, чтобы внимание было на Нем.

При этом мне кажется важным понимание собственных мотивов. Мы должны задать самим себе вопрос, почему мы ищем именно этот дар. Может быть, это просто честолюбие, которое дремлет в нашей душе? Или где-то в душе мы лелеем желание достичь чего-то особенного, чтобы выделиться? Эти или подобные побуждения – не лучшие предпосылки для получения Божьего дара. Движущей силой нашего стремления всегда должна быть любовь – любовь к Богу, церкви и к людям.

Препятствия к тому, чтобы слышать Голос Божий

Выполнение всех необходимых условий для получения пророческого дара, еще не означает, что мы в состоянии слышать Голос Божий. Есть некоторые факторы, которые осложняют или могут полностью предотвратить слышание. Я хотел бы их кратко набросать:

Недостаток Божьего Слова
Божье слово делает нас чувствительными к Голосу Бога (Кол.3:16)

Недостаток близких отношения с Богом
Чем глубже и интенсивнее отношения, тем чувствительнее наш слух (Евр.4:14)

Недостаток познания Божьей благодати
Если у нас искажен Божий образ, нам труднее воспринимать Его голос (1Кор.4:1-2)

Недостаток веры
Недостающая вера ограничивает собственную готовность слышать, поэтому Господь желает нашей веры (Евр.11:6)

Недостаток послушания
Непослушание блокирует Божий голос, и нам вредит разрыв между тем, что мы говорим и что делаем (Царь Саул в 1Цар.)

Цель пророчества

У всего, что делает Господь, есть смысл. Ничего не происходит случайно, и пророчество должно выполнять свое предназначение. В первую очередь оно относится к поручению душепопечения. Без выполнения этой цели пророчество сомнительно, потому что противоречит Священному Писанию. В 1 Кор. 14:3 мы находим это трио пророческого поручения, которое выражает основную цель душепопечения: назидание, увещание и утешение.

...а кто пророчествует, тот говорит людям в назидание, увещание и утешение.

Кроме того пророчество служит для высвобождения людей в их призвание, а также усиливает и сопровождает Послание Евангелия, как знамение. Мы узнаем об этом больше в следующих разделах.

В целом следует отметить, что пророчество относится в первую очередь не к будущему. И хотя это широкораспространенное мнение, но это не так. Пророчество говорит обо всех временах: прошлом, настоящем (Деян. 5:1-3) и будущем (Деян. 11:28). Их цель не в том, чтобы предсказывать грядущее, как своего рода христианское прорицание, но назидать, увещевать и утешать.

Теперь давайте рассмотрим эти три основополагающие аспекта душепопечительного поручения пророчества.

ПРОРОЧЕСТВО ДЛЯ НАЗИДАНИЯ

Термин «назидание» или «построение»[43] происходит из строительного ремесла. Здание возводится по плану и методам архитектора. Он продумал свой проект и заботится о том, чтобы строение стояло прочно и устойчиво. Точно так же пророчество выстраивает получателя и дарит ему стабильность. Это не означает, что пророчество должно быть всегда приятно (но «назидательно»). Выравнивание человека через назидание возможно и тогда, когда ему с любовью говорят о чем-то неприятном.

ПРОРОЧЕСТВО ДЛЯ УВЕЩАНИЯ

Об увещании или наставлении, которое в Новом Завете называется «paraklēsis» (παράκλησις), к сожалению, до сих пор существуют некоторые разногласия. Этот термин имеет мало общего с тем значением, в котором оно употребляется в немецком языке.[44] И наставление чаще воспринимается как внушение, замечание за проступок. К сожалению, многие думают, что термин в 1 Кор. 14:3 именно так и надо понимать. Я уже слышал даже о пророчествах, которые по характеру больше напоминают предупреждение. Однако «paraklēsis» означает также ободрять и помогать. Так что здесь речь не об упреках или замечаниях, но о том, чтобы направить, наставить человека на верный путь. Человеку нужны ориентиры и подкрепление, так

---

43 Слово «οἰκοδομή» (oikodotē) которое в Синодальном переводе звучит как назидание, дословно переводится как «строение, созидание, здание», на немецком это слово – Erbauung, что означает «строительство, постройка, сооружение, созидание, назидание, укрепление духа» (Прим. переводчика).

44 В немецком языке слово «paraklēsis» переведно как Ermahnung, и оно ближе к русскому слову «наставление, внушение», но при этом переводится также как предостережение, выговор, замечание, напоминание (Прим. переводчика).

как он подчас оступается и теряет направление. Тогда пророчество дарит поддержку и наставление, чтобы мы могли дойти до цели.

ПРОРОЧЕСТВО ДЛЯ УТЕШЕНИЯ

И наконец, пророчество как бальзам для нашего сердца. Утешение[45] восстанавливает человека в его страдании и унынии. Каждый из нас знает, как часто ободрение может решительно изменить ситуацию. Перед лицом болезней, потерь и других проблем мы часто оказываемся беспомощными. Поэтому наш Господь дал нам пророчество, чтобы Его мысли о нас были открыты и утешали нас.

В любом случае стало ясно, что истинная цель пророчеств – дать решение и помощь. Пророчество не оставляет человека стоять под дождем, но предлагает надежду, новую перспективу и выход.

ПРОРОЧЕСТВО ДЛЯ ВЫСВОБОЖДЕНИЯ ПРИЗВАНИЯ

Как уже указывалось, польза пророчества не ограничивается только областью душепопечения. Оно также открывает духовные дары и заложенный в нас потенциал (1 Тим. 1:18). Создатель знает не только наше настоящее, но и знает, кем мы можем стать. Благодаря такому пророчеству мы можем смотреть на себя глазами сердца Бога. Галилео Галилей как-то написал: «Человека нельзя ничему научить, можно лишь помочь ему найти это в себе». Пророчество указывает нам путь, как открыть то, что вложил в нас Бог.

Изо дня в день я вижу людей, которые не используют потенциал, вложенный в них Богом. Если бы это зависело от меня, я бы им ясно сказал свое мнение. Мои слова были бы скорее наставлением в немецком смысле этого слова. Однако наш Господь разговаривает со Своими детьми не так. И когда я вспоминаю, что пророчество дано, чтобы людям служить трехсторонне в душепопечении, это помогает мне вести себя с ними соответственно.

---

45 *Греческое слово «paramuthia» (παραμυθία) означает «говорить дружелюбно, ободрять» и является уникальным в Новом Завете. В античных папирусах это слово употреблялось для обозначения отдыха после очень трудной и бедственной ситуации.*

Пророчество для поддержки Евангелия

Теперь надо отметить еще один важный аспект пророчества, а именно его благовествующий характер, как отмечает Павел в 1 Кор. 14:24:

*Но когда все пророчествуют, и войдет кто неверующий или
незнающий, то он всеми обличается, всеми судится.*

Какой огромной проникающей силы может достигать пророчество,
становится ясно, когда Бог хочет заявить о Себе и привести неверу-
ющих в Его порядок. Один из новозаветных примеров, как может
раскрываться действие Святого Духа в жизни человека – женщина
у колодца Иакова (Ин. 4:16-19).

Я уже неоднократно переживал обращение Святого Духа к тем,
кто, можно сказать, «зашел» на Богослужение. Внезапно они осоз-
навали, что есть Бог, который знает их очень хорошо, интересуется
ими по-настоящему и хочет им помочь. В результате они решались
довериться Богу и познакомиться с Ним. Сила, исходящая от одного единственного пророчества, иногда превосходит все, что может
сделать человек. Однажды пришел ко мне наш молодежный руководитель и взволнованно рассказал: «Один новый юноша решил
следовать за Иисусом после того, как я послужил ему пророчеством.
Молодой человек, приглашенный подругой, был впервые на меро-
приятии. Он не очень-то понимал, что такое церковь и к чему все
это, но охотно согласился на пророческую молитву. После того как я
помолился за него, он почувствовал в себе огромное желание стать
частью церкви и больше узнать об Иисусе. Он понял, что у него есть
Отец Небесный и был очень тронут этим». Молодежный лидер продолжил удивленно: «Мы еще и не успели ему рассказать об Иисусе,
а он уже стал верующим человеком». Все, что я в тот момент мог
сказать: такие вещи случаются, когда к людям обращается Святой
Дух. Пророчество приносит в жизнь людей реальность Бога, до того
как они Его узнали.

ПЕРЕДАЧА ПРОРОЧЕСТВА

Теперь мы переходим к очень важному аспекту, который касается прежде всего тех, кто передает Божьи послания: потому что здесь
решающим вопросом становится не «что» или «зачем», а «как»!

Если пророчество не принимается, это вовсе не означает, что оно не было вдохновлено Святым Духом. Причиной непринятия может быть то, как было передано послание. Некоторые люди плохо осознают, как они влияют на ближних. Иногда мы так сосредоточены на содержании, что забываем о том, что с нами вместе «говорят» все составляющие нашей личности. Отдельные компоненты коммуникации обладают при этом разным весом. По данным Альберта Мейерабиана[46] содержание воздействует на слушателя лишь на 7 %. Тогда как манера речи имеет явно больше влияния, воздействуя на 38 %. Язык тела, составляющий 55 % воздействия, часто недооценивается. Остальными компонентами являются такие факторы как окружение, время провозглашения. Тезис Мейерабиана многими из его коллег не воспринимается всерьез. Но нравится им это или нет: очевидно, что важны все компоненты послания. Передача содержания не бывает абсолютно «чистой», и даже если остальные факторы не имеют такого веса, оно приходит не в одиночку, а подкрепляется интонацией, мимикой и т.д. Поэтому, передавая пророчество, мы должны обращать внимание на все факторы! Кроме того и слушатели отличаются друг от друга, поэтому они воспринимают сказанное по-разному. Когда мы пророчествуем, нам стоит помнить о словах известного исследователя поведения Конрада Лоренца:

> «Подумать – это еще не сказать, сказать – не значит быть услышанным, быть услышанным еще не означает быть понятым, быть понятым еще не означает согласиться, согласиться еще не означает применить, и применить еще не означает придерживаться».

Что касается передачи пророческого послания, то очень важно не просто только выдать его, но и помнить о самом человеке, которому оно адресовано. Предназначение пророчества не в том, чтобы поставить других на место, а чтобы им помочь. Негативным ветхозаветным примером этому является пророк Иона. Он ожидал, что

---

46 Mehrabian, Albert. Inference of Attitude from Nonverbal Communication in Two Channels./Альберт Мейерабиан – In: The Journal of Counselling Psychology 31: 1967, стр. 248–252.

пророчество о суде будет исполнено, не думая о потерях. Когда люди раскаялись, и Бог пощадил их, Иона был этим раздражен (Ион. 3:10, 4:1-4). Он не мог вместить, почему Бог так поступил. В 12-й главе первого послания Коринфянам перечисляются действия Духа. Тогда как в 13-й показано, что они имеют ценность только, если передаются в любви. И наконец, лишь в 14-й главе упоминается, как и где применять дары. Эта последовательность не случайна, Павел намеренно описал любовь как основу даров.

При всей сверхъестественности Божьих откровений следует отметить, что мы получаем их, контролируя полностью наше сознание. В греческом окружении Нового Завета пророчество отличали от мантики. Мантика означает предсказание в своего рода трансе и под внешним контролем. Говорящий человек при этом является медиумом, а не сознательно действующим субъектом. Тогда как новозаветное пророчество передает послание в бодром и ясном сознании. Как недвусмысленно говорит Павел в 1 Кор. 14:32: «И духи пророческие послушны пророкам». Не Дух Святой подвластен пророку, но собственный дух пророка ему послушен. И здесь надо вспомнить, что мы «не приняли духа рабства» (Рим. 8:15). Служитель Божий сохраняет контроль над пророчеством и не должен говорить пророчески под давлением. Из этого неуместно устраивать духовное представление. Передача должна происходить совершенно естественно. Некоторые люди из невежества меняют свой голос во время передачи пророчества и принимают грозную позу. В этом нет никакой необходимости.

С точки зрения времени мы должны учитывать, что Дух Святой не привязан к Богослужению. Так что пророчествующий может и должен сам определить правильное время. Есть ситуации, которые подходят для получения пророчества, но не для его высказывания. Следующие формулировки используются довольно часто, и они могут быть полезны для вступления:

- «У меня есть ощущение, что Бог хочет нам сказать...»
- «Господь проговорил ко мне...»
- «Я видел образ...»

Однако при передаче существенна не столько внешняя форма, сколько тот факт, что передается сказанное Богом. Для пользы как отдельного слушателя, так и церкви пророчествующий должен излагать пророчество кратко. Нет необходимости приукрашивать полученное или произносить обширное объяснение, если речь не о керигматическом пророчестве и руководство поместной церкви дало добро. Мы должны передавать только то, что мы действительно получили от Господа, не добавляя ничего (Пр. 30:6).

При этом важно подчинить себя духовным лидерам на местах. Тот, кто пророчествует, не единственный, ведомый Духом Святым. Руководители на местах также знают, когда приходит подходящее время, чтобы передать послание. Наконец, Дух Святой действует многообразно в церкви и не только через кого-то одного. Чтобы все были благословенны, должен быть установлен определенный духовный порядок (1 Кор. 14:29-33). Ведь если слишком много происходит одного за другим, каких-то духовных переживаний и действий, то это перегружает слушателей. Богослужение становится долгим, и в какой-то момент сказанное перестает восприниматься правильно. В таких ситуациях вряд ли стоит сразу передавать слова от Духа Святого, ведь они должны быть услышаны.

Решение, как поступать со сказанным пророчеством, остается всегда на усмотрение заинтересованного лица. Пророк Агав все же сказал Павлу, что его ожидает в Иерусалиме. Он выполнил свою миссию и предоставил Павлу самому решать, как поступить, не пытаясь словом влиять на его действия (Деян. 21:10-12).

Испытание пророчества

Павел учит нас не уничижать пророчества, но испытывать (1 Кор. 14:29; 1 Фес. 5:20). Пророческое слово назидает и благословляет многих людей и церкви, но с другой стороны вызывает некоторые конфликты и трудности. Причины таких негативных воздействий могут быть различны. В некоторых случаях люди обращаются с пророчеством не надлежащим образом, в других просто действуют лжепророки. О последних предупреждал и Иисус (Мф. 7:15; 24:11, 24), и апостолы (1 Ин. 4:1 и др.). Поэтому так важно сначала посмотреть на самого пророка.

Довольно часто вокруг личности, передающей лжепророчества, собирается значительное количество последователей, в том время, как другие, провозглашающие послания Духом Святым, за их служение иногда даже попадают в опалу. Поэтому принятие или непринятие личности, окружающими ее людьми, не является показательным. В Иер. 23:11-16 описаны лжепророки. Это личности, которые терпимы к грехам и своим, и других, нечестны и говорят то, что другие хотят услышать. В Кол. 2:18 Павел предостерегает от людей эгоистичных и тщеславных. Кто не готов подчинить себя местному руководству или позволить испытывать его пророчества, не имеет права говорить от имени Бога. В принципе мы не должны слушать людей, которые возвышают себя, а не нашего Господа. Также мятежные личности, собирающие вокруг себя людей, чтобы идти с ними особыми теологическими путями, не должны находить слушателей, потому что наш Бог – Бог мира и устройства (1 Кор. 14:33). В чем разница между пророчеством и учением мы разберем позже. В большинстве своем такие индивидуумы не приносят добрых плодов, и мы должны их разоблачить (Мф. 7:20).

Однако даже если личность, от которой исходят пророческие слова, вне сомнений богобоязненна, у нас все равно нет гарантий, что Бог через нее говорит. Как я уже показал, пророчество всегда содержит часть человеческого, и людям свойственно ошибаться. Новый Завет сообщает нам, что пророки пророчествовали. Однако церковь должна была рассуждать над их словами (1 Кор. 14:29). Полезно не только испытывать сами пророчества, но и спрашивать мнение зрелых братьев и сестер. Благодаря своему опыту и духовному чутью они могут заметить то, что могло ускользнуть от других. Христианам нужна способность отличать правильное от неправильного. Ниже приведены некоторые пункты для испытания.

Критерии испытания пророчества.

1. Оно прославляет Иисуса

Прежде всего мы должны убедиться, что пророчество воздает честь Иисусу. Ему первенство во всем (Кол. 1:18), и Он должен стоять в центре всего сказанного. Любое слово, прославляющее людей или другие вещи, исходит не от Духа Святого. Пророчество также не может быть поводом для гордости. Это касается как пророчествующего, так и слушающего. Оно исходит от Духа Святого и не является вознаграждением за особые религиозные заслуги.

2. Оно не заменяет Писание

Пророчество отличается от учения. В то время как авторы Библии передают нам нормативные, теологические и этические руководящие принципы, пророческое слово является спонтанным побуждением от Святого Духа. Оно не может заменить записанного Божьего Слова и не должно ни в коем случае противоречить Его свидетельству. Если содержание пророчества побуждает меня заняться чем-то, противоречащим Библейскому посланию, речь идет о человеческих помыслах, а не о побуждении от Святого Духа. Пророчествующий должен всегда подчинять себя богодухновенному Священному Писанию. Канон Нового Завета, составленный из записей современников Иисуса, и чьи отдельные книги были общепризнаны ранними последователями Иисуса – очевидцев событий, был, в конце концов, утвержден Римским Собором (382 г.). Невозможно вписать в него новые специальные учения или исключения, он останется каноном.

Большинству из нас это понятно, однако, к сожалению, снова и снова появляются общины, в которых воспроизводятся пророчества, расходящиеся со словами Библейского свидетельства. Им верят и их применяют, хотя они явно и открыто противоречат Писанию. Это недопустимо!

Однажды ко мне подошел мужчина, утверждавший, что Бог сказал ему оставить свою жену ради одной молодой женщины. Я спросил его, действительно ли он верит в то, что Бог изменит Свое мнение о супружестве из-за него. Другой христианин рассказал мне, что Бог сказал ему о неизбежности разделения церкви, и ей надо к

этому подготовиться. Для меня в таких случаях возникает серьез-
ный вопрос, как зовут того господина, от которого люди получают
такие послания.

3. У него тройственное предназначение

Назидание, увещание и утешение образуют главную цель пророчества (1 Кор. 14:3-4). Пророческие слова, которые не содержат этой
триады, не должны сразу же отклоняться. Но я считаю, что на это
надо обратить особое внимание. Если пророчество сражает или по-
вергает в уныние, тогда надо пристально рассмотреть пророчество
или пророчествующего.

4. Оно способствует свободе, а не диктатуре

Пророчество, вдохновленное Святым Духом, приносит свободу, а
не рабство (2 Кор. 3:17). Оно никогда не может быть направлено на
создание духовной диктатуры. Все, что разрушает независимость,
индивидуальность и ответственность личности, не от Духа Святого.
Бог не создавал нас марионетками, но наоборот дал каждому собственную уникальность. Мир Духа Святого должен пребывать в нас
и царствовать в наших сердцах (Кол. 3:15)

5. Оно исполняется

Конечно пророчество должно исполниться, если оно действительно
дано Богом. Особенно в Ветхом Завете мы видим, что этому крите-
рию придавалось большое значение (Вт. 18:21). Не стоит утверждать,
что пророчество не от Бога, если оно не исполнилось, подобное испытание осуществляется с оговоркой: оно не распространяется на
все пророчества, потому что мы сами можем повлиять на их неис-
полнение. Господь может давать людям обетования, но если они
бездействуют, то обещания не станут реальностью. Так народу Из-
раильскому было обещано, что они войдут в Землю Обетованную,
но их поступки привели, в конце концов, к тому, что они 40 лет про-
вели в пустыне (Чис. 32:13). Поэтому пророчества, относящиеся ко
времени, должны приниматься с оговоркой, и не рекомендуется их
дальше передавать.

6. Оно вытекает из чистого источника

И, наконец, следует также испытать жизнь пророчествующего.
Даже если речь не о лжепророке (как описано выше), жизнь про-

рочествующего влияет на его пророчества и позволит сделать некоторые выводы: возможно, есть какие-то темы, которыми он занят сейчас, следовательно, они могут становиться якобы пророческими словами и т.д.

Области, не рекомендуемые для пророчеств

В заключении я хочу остановиться на некоторых областях, в которых не стоит применять пророчество, поскольку в них таится большой риск злоупотреблений и в прошлом лжепророчества уже наносили большой ущерб.

Одной из чувствительных областей является тема посредничества в браке. Я знакомился с людьми, которые вступили в отношения и затем создали семью, основываясь на пророчестве. В конце концов, они разочаровались в Боге. Никто не должен искать своего супруга исключительно на основании высказывания одного или нескольких лиц. Существуют другие важные критерии для выбора партнера. Кроме того людям, если они чего-то особенно желают, свойственно выдавать свои собственные желания за Божью Волю. Поэтому для принятия столь важного решения оба партнера (а не одна только сторона!) должны получить слово от Господа.

Однажды ко мне подошел мужчина и заявил, что ему надо поквитаться с Богом. Бог якобы дал ему чрезвычайно сложную жену, которая никак ему не подходила. Их брак был сплошной катастрофой. Какой вклад внес в это бедственное положение он сам, я не могу судить. Я с любовью сообщил ему, что у него голова на плечах не для того, чтобы только шляпы носить. Он мог бы ею воспользоваться.

Важные жизненные решения не должны приниматься на основании исключительно пророчеств. Часто Бог вдохновляющим словом открывает то, что уже живет в человеке, а не показывает совершенно чуждые ему дороги. Пророческое слово не является консультантом по выбору профессии или посредником в карьере. Такого рода решения принимаются самостоятельно в молитвах и процессе поиска при взаимодействии с Богом. Чтобы уменьшить вероятность ошибки и держать правильный курс в столь важных жизненных вопросах, необходимо рядом с даром «слова мудрости» и «слова знания» иметь хорошего наставника.

Кроме того мы должны быть чуткими, если пророчество должно служить назначению кого-то на пост в общине или снятию кого-то с определенных позиций. Я регулярно сталкиваюсь с тем, что места в общинах неудачно распределяются на основании мнимых указаний Бога. В конце концов, это приводило только к излишней напряженности и конфликтам. Иногда пророческие слова использовались для того, чтобы избавиться от определенных людей, про которых думали, что они не на том месте. Пророчество высказывалось из страха перед конфронтацией. Такого рода поведение неправомерно. В таких ситуациях руководство церкви призвано занять свою позицию.

К сожалению, нередко бывает, что пророчество используется подобным манипулятивным способом, чтобы навязать определенные вкусы и стили братьям и сестрам в церкви. Так использовать пророчество тоже нельзя.

Как христиане, которые имеют дело с даром пророчества, мы должны быть также осторожны в принятии управленческих решений и в вопросе пожертвований. К сожалению, я уже сталкивался с тем, что люди на основании определенных пророчеств жертвовали большие суммы денег церквям. Им обещали, что они испытают особое финансовое благословение, если выполнят требование Господа и внесут значительное пожертвование. Я все-таки придерживаюсь такого мнения, что пожертвования делают добровольно и без влияния извне (Деян. 5:4; 2 Кор. 9:7).

Тот, кто говорит о всеобъемлющей благодати и дарах благодати (харизмата), не может оставить без внимания важнейший отрывок из Нового Завета. В Еф. 4:11-15 апостол Павел перечисляет пять служений в дарах, которые дал Своей Церкви Иисус:

И Он поставил одних Апостолами, других – пророками, иных – Евангелистами, иных – пастырями и учителями, к совершению святых, на дело служения, для созидания Тела Христова, доколе все придем в единство веры и познания Сына Божия, в мужа совершенного, в меру полного возраста Христова; дабы мы не были более младенцами, колеблющимися и увлекающимися всяким ветром учения, по лукавству человеков, по хитрому искусству обольщения, но истинною любовью все возращали в Того, Который есть глава Христос...

Упомянутые здесь группы одни называют «позициями согласно дарам (харизмам)», другие «дарами служения». Оба названия по моему мнению правомерны и подтверждаются свидетельством Нового Завета. И хотя мы не встречаем там ни одного из только что упомянутых терминов, как и используемого мной в заголовке обозначения «пятигранное служение», однако все пять служений перечислены. Из этого текста видно, что эти особые дарования даются не всем верующим. Очевидно, что все они сконцентрированы на проповеди, учении и руководстве. Это выглядит так, будто Павел говорит о служениях как о чем-то уже известном.

Их список показывает явное отличие от других даров, которые я описывал в последних главах. Речь не о дарах, которые задействует Дух или которыми служат, а именно о служении, позиции, которую Христос ставит в Своем Теле для управления. Более того, здесь речь идет не о действии Святого Духа, а о людях из крови и плоти, оснащенных Господом, чтобы нести важные функции в Церкви Иисуса Христа. Они сами являются дарами Бога и выделены как благословение не для отдельных людей, но для общины. В этом смысле мне кажется обозначение «позиция», «должность» более подходящим, хотя это не должно создавать впечатление, что будто бы Библия дает нам концепцию правопреемства должностей или рукоположения.

11.1 Значение пятигранного служения

Иисус Сам определяет и назначает людей для особенного служения. Такого рода подход часто встречается в Священном Писании. Бог призывает людей и оснащает их для выполнения Его работы. Так Ветхий Завет повествует нам о призвании пророков. То же мы видим и в Новом Завете, как Господь отделяет людей для выполнения определенной задачи. Савл из Тарса – яркий тому пример. При выборе призванных не учитывается ни особенное образование, ни экстраординарный карьерный рост, а лишь одна Божья благодать.

Но каковы намерения Бога в отношении людей, образующих эти грани? Павел описывает множество целей, которых Бог хочет достичь служением этих людей. Главное назначение служений – рост общин во Христе (Еф. 4:15). В начале послания Ефесянам (Еф. 1:18-23) Павел молится, чтобы Ефесяне могли познать, к какому богатству они призваны. Распятый и воскресший Христос вознесся на небеса, чтобы занять Свое место по правую руку от Отца. С небес Он царствует превыше всех властей. Он является Главой Церкви – Его Тела на Земле. Призвание Его последователей состоит в том, чтобы возрастать в превознесенном Христе и расширять область Его господства. Это происходит благодаря тому, что Его Тело стремится достичь Евангелием все творение. Это возможно, когда все служения вместе с дарами созидают церковь (Еф. 4:12). Они ответственны за то, чтобы святые были оснащены к делу служения. Через служителей братья и сестры обеспечиваются всем необходимым, чтобы вместе созидать дело Иисуса Христа. А именно: апостолы, пророки, евангелисты, пасторы и учителя обучают, наставляют и сопровождают, чтобы братья и сестры возрастали, становились зрелыми последователями Христа и служили соответственно мере благодати.

Для меня, как пастора, всегда легче иметь этот образ Тела Христова перед глазами, который Павел описывает в послании Ефесянам: Церковь, где каждый с полной силой согласно своей зрелости взаимодействует с другими.

В нашем обществе вырисовывается иная тенденция, подчас полностью противоположная. В настоящее время оно развивается скорее в общество обслуживания, так как технический прогресс вытесняет многие из традиционных профессий. К сожалению, это приводит к тому, что церковь нередко воспринимается тоже как поставщик обслуживания в сфере религиозных услуг. Это развитие оказывает влияние на ожидания по отношению к лидерам: пасторы и пресвитеры должны уметь справляться со всевозможными административными и оперативными задачами. Им остается все меньше времени для духовного служения, на которое они собственно поставлены. Но и тут от них очень многое требуется.

Апостолы первой Иерусалимской церкви оказались в подобном трудном положении. Они поняли, что так «нехорошо» (Деян. 6:2) и стали искать исполненных Духом людей, которые бы заботились об организационной и благотворительной работе.

Это должно заставить нас задуматься, когда призванные лидеры не могут нести свое служение, потому что согласно обязанностям их позиции загружены выполнением других задач. В церкви по Божьему плану у руководителей должна быть свобода, необходимая им для оснащения святых. В конце концов, от этого выиграет вся община. Тело Христа не может процветать, если сестры и братья, призванные к служению в даре (харизме), выполняют работу, для которой призваны другие. Церковь растет и развивается тогда, когда апостолы, пророки, евангелисты, пасторы и учителя имеют возможность оснастить и высвободить в служение других верующих.

Уровни роста

Пятигранное служение в некоторых кругах образно называют «сильной рукой Божьей» – например в книге Йенса Кальдевая[47], которая посвящена этим служениям. Причиной для такого наименования

---

47 *Кальдевай, Йенс. Сила Божьей руки. Пятигранное служение. / Йенс Кальдевай. Издательство Агапе., 2002*

стало то, что каждое служение подобно пальцу на руке и выполняет определенную функцию. Все пять имеют свое специальное место, и хотя каждый из них лишь палец, но со своим назначением. Вместе они образуют руку. Поэтому столь важно, чтобы «члены», как община, располагались в определенном радиусе, потому что рука становится ограниченной, когда не все пальцы доступны.

Пятигранное служение позволяет общине расцветать в различных областях церковной жизни. Кроме того соработники, каждый в своем служении, действуют слаженно, чтобы в идеальном случае община процветала одновременно во всех областях. Современный церковный ландшафт представляет нам в основном пасторов, учителей и евангелистов, хотя и последние по сравнению с двумя другими встречаются все реже. Это печально, потому что любая односторонность рано или поздно приводит к недостаткам и крайностям.

Когда апостол освобожден для своего служения, он обычно способствует освоению новых территорий благодаря его служительскому дару первооткрывателя и основателя. Тогда как пророк со своей стороны выражает актуальные мысли и указания Бога о Теле Христа, и об отдельных личностях, когда их нужно соответствующим образом наставлять. Евангелист заботится о том, чтобы люди соприкасались с Благой вестью и знакомились с Господом. В этом смысле он служит количественному росту общины. Пастор заботится о каждом в отдельности. Благодаря его заботе и свободе, которую он создает, Тело скрепляется. Учитель направляет общину в глубины Священного Писания и назидает ее в познании Бога.

Следующая таблица помогает увидеть эти пять сфер роста в общих чертах:

СЛУЖЕНИЕ	СФЕРЫ РОСТА
Апостол	Распространение
Пророк	Отношения с Богом
Евангелист	Количество
Пастор	Любовь друг ко другу
Учитель	Познание Бога

Прежде чем мы рассмотрим каждое служение в отдельности, я бы хотел сказать, что точное число служений является спорным. Есть небольшое формальное предположение, что в описанном здесь каноне служений говорится не о пятигранном, а четырехгранном служении, потому что между двумя последними в этом списке из пяти отсутствует артикль. Чисто грамматически получается, что пасторы и учителя должны быть одной и той же группой.[48] Некоторые подчеркивают, что это обосновано еще и тем, что каждый пастор должен быть учителен (1 Тим. 3:2; 2 Тим. 2:24). На мой взгляд служения пастора и учителя действительно очень тесно связаны. Поэтому оба образуют свою собственную группу в рамках пятигранного служения. Эта связь очевидна в посланиях Павла. Вполне возможно, что термины описывают пересекающиеся (срав. 1 Кор. 12:28-29 и Гал. 6:6), но не тождественные друг другу функции, исходя из чего я считаю, что служение учителя независимое. Оно и ранее называлось отдельно (Деян. 13:1). В этом смысле апостолы и пророки по-моему тоже образуют похожий союз (Еф. 2:20, 3:5). Соответственно этому

---

48 *Если два слова в греческом связаны между собой только одним артиклем, это указывает на тесную связь между словами, поэтому строго говоря в списке четыре пункта.*

служения можно разделить и на три подгруппы. В следующих размышлениях станет яснее, как они связаны.

Стоит упомянуть также, что ни одно из служений, вероятно, не встречается в чистом виде. Павел называется не только апостолом, но и учителем (Деян. 13:1). Характер и набор одаренностей каждого человека уникален, что накладывает свой отпечаток на служения.

11.2 Апостолы

Апостол и пророк называются Павлом первыми. Для этого наверняка есть причины, ведь и в других местах Писания они очевидно основополагающие для общины (Еф. 2:20; 1 Кор. 12:28; Откр. 21:14). Вместе с нашим Господом – Краеугольным Камнем, они занимают несущую позицию в Теле Христа.

Термин «апостол» (ἀπόστολος – apostolos) собственно обозначает посланника или доверенное лицо с особой ролью: Речь о персоне, с которой послано сообщение. В этом контексте примечательно, что по древнесемитскому нунциальному праву посланный доверителем фактически заменял доверителя собственной персоной. Благодаря этому его роль как посланника давала ему и право, и одновременно обязанность принимать решения за доверителя, хотя бы во временных рамках своей миссии. Апостолов Нового Завета уполномочил и послал Сам Христос (1 Кор. 12:5).

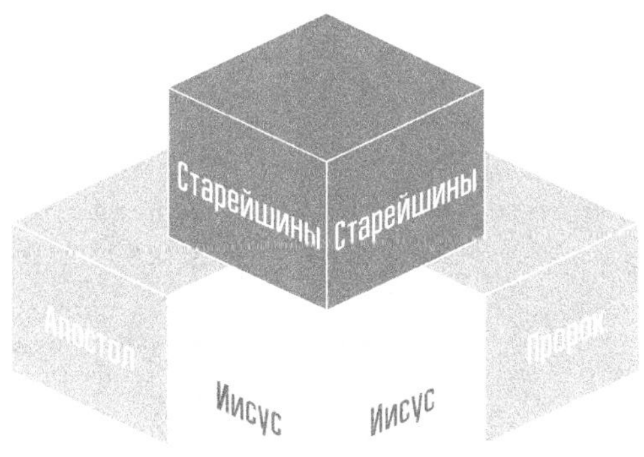

Новый Завет свидетельствует нам о различных доверительных посланниках Бога. Сначала вспоминаются двенадцать апостолов и ученики ближнего круга Иисуса, потом другие известные и яркие личности Нового Завета, особенно Павел. Впрочем, должно было быть большее количество апостолов, которые не проявились в Новом Завете как-то особенно. Писавший послание Евреям (Евр. 3:1[49]) называет Апостолом и Сына Божьего, впрочем это встречается единственный раз по отношению к Иисусу. Однако оно вполне понятно, потому что Иисус послан Отцом (Ин. 17:18[50]).

Апостолом можно также считать определенного рода руководителя команды других служителей. Мы видим в Новом Завете, что апостолы ставили на служение местных руководителей, давали определенным братьям право учить и также посылали других (Деян. 14:23, 15:22; Титу 1:5). Не каждый мог себя называть апостолом. Их служение сопровождалось проявлениями сверхъестественных масштабов Божьего Царства в виде знамений и чудес (Деян. 4:33, 8:4-7; Рим.15:19; 2 Кор. 12:12). Подтверждением апостольского служения также считалось основание церквей и освоение территорий (1 Кор. 9:2). Те, кто неправомерно выдавал себя за апостолов, подвергались резкой критике (2 Кор. 11:13; Откр. 2:2).

Апостол считается строителем церкви (1 Кор. 3:10). Он закладывает основы и способствует росту. Он оснащает и приводит к стабильности, дает советы как отдельным руководителям, так и целым церквям. Его главная цель однако не в поддержке одной единственной церкви, но в распространении Небесного Царства по всей Земле (Рим. 15:20; 2 Кор. 10:16). Таким образом его позиция – это перспектива Божьего Царства.

---

49 *В Синодальном переводе мы читаем: «Итак, братия святые, участники в небесном звании, уразумейте Посланника и Первосвященника исповедания нашего, Иисуса Христа» (Евр. 3:1). На греческом на месте слова Посланник стоит «ἀπόστολος» — «apostolos». В переводе Лютера, которым пользуется автор употреблено слово апостол, а не посланник (Прим. переводчика).*

50 *«Как Ты послал Меня в мир, так и Я послал их в мир» (Ин. 17:18) На месте глагола «послал» стоит греческое слово «ἀποστέλλω» — «apostellō» (посылать (с поручением), отправлять, отсылать) (Прим. переводчика).*

Апостола можно также назвать миссионером-стратегом. Он как первооткрыватель основывает и развивает новое. Он находит и продвигает молодых лидеров. Он разрабатывает планы и концепты, чтобы осуществлялось Божье видение. Впрочем он и тот, кто постоянно работает над их реализацией. Там, где апостол выходит на арену событий, что-то происходит, потому что он продвигает дело Иисуса Христа. Он думает и работает в иных масштабах нежели поместный руководитель. В то время как другие заботятся регионально, его внимание направлено на межрегиональное и международное. Он в состоянии определить актуальное развитие и ищет стратегии и планы Божьи, чтобы реагировать на новые требования. Его характер отличается творческим, гибким подходом и выдержкой. У него много терпения в общении с людьми, нет излишнего контроля. Там, где апостольское служение вступает в силу, появляется свобода. Это дар на время прорывов и изменений. В настоящее время, когда жизнь становится все сложнее и потрясения случаются с головокружительной скоростью, апостольские лидеры имеют особое значение.

Где нет апостолов, отсутствует существенный орган в Теле. Этот факт осознается поместными церквями всегда с болью. Я часто наблюдал, что общины переживали явную утрату, когда апостолы покидали свои места в церквях или в регионах, чтобы служить в других. Они отчаянно пытались заполнить образовавшуюся брешь различными способами. Ставились новые люди, предпринимались попытки интегрировать разные концепты, чтобы придать общине новый импульс. Отрицалось, что прошлая динамика была связана с конкретным человеком. Ведь Тело зависит не от людей, а от Главы Церкви, которой является Христос. Однако все веские аргументы, структурные изменения и концепции не могли заменить отсутствующего апостола. Конечно, каждая поместная церковь зависит от ее Божьей Главы, но именно Глава решила поставить Свою Церковь на фундамент апостолов и пророков (Еф. 2:20; 1 Кор. 12:28). Его средства – это люди.

Естественно, апостол не обладает всеми дарами, и его служение связано с определенными моментами, которые нравятся далеко не каждому в поместной церкви. Он трудится в первую очередь для церкви, а не в ней. Его внимание направлено более наружу и менее внутрь. Поскольку его служение в основном межцерковное, он не может регулярно быть в одном месте и поэтому у него часто образуется дистанция с братьями и сестрами в церкви. Кроме того маловероятно, что к сфере его компетенции относится душепопечение. Но с этим община, которая знает дары (харизмы) своих членов, может справиться. В конце концов, Господь также распределил дар милосердия и поставил людей пастырями.

11.3 Пророки

Тот, кто хочет говорить о служении пророков, должен обратить внимание на пророков Ветхого Завета. В прошлые времена они были устами Бога. Однако служение новозаветных пророков явно отличается от служения ветхозаветных. Последние несли гораздо больше ответственности. Они отвечали за то, чтобы народ Израиля соблюдал Божьи заповеди. От них многое ожидалось и им приходилось идти на тяжелые лишения, такие как у Осии или Иеремии. Однако после смерти Иисуса на Кресте, сошествия Духа Святого и Пятидесятницы эти специфические задачи пророков перешли большей частью на все христианство. Раньше Бог открывался только небольшой группе пророков, чтобы говорить Своему народу. Теперь Он обращается непосредственно к каждому (1 Кор. 2:9-10). Иоанн Креститель был последним пророком Ветхого Завета, встречаемым нами в Библии. После него наступила новая эра.

Пророчество никуда не исчезло с лица Земли, но оно изменилось. Пророки Ветхого Завета должны были раскрывать легкомысленное поведение народа, призывать к покаянию, разоблачать лживые послания и, наконец, воодушевлять народ. Глубокие изменения, происшедшие благодаря воплощению Иисуса, Его смерти и воскресению, не требуют от новозаветных пророков такого обилия обязанностей. Сохранился способ призвания и назначения пророков. Нигде в Новом Завете мы не видим, что пророки получали служение от людей. Бог назначает пророков Сам. Кроме Иоанна Крестителя и

Иисуса, который Сам называет Себя пророком (Лк. 4:24), Новый Завет называет и много других пророков. Очевидно, что в некоторых церквях они образовывали свои собственные группы (1 Кор. 14:29). Например, такими были Агав, Иуда и Сила (Деян. 11:28, 15:32)

Пару страниц назад я уже объяснял, что Новый Завет разделяет дар пророчества и служение пророков. Теоретически дар доступен каждому – впрочем в различных проявлениях, как мы уже рассматривали. Однако служение пророка связано с определенной личностью (Еф. 4:11), которую ставит Бог.

Пророк ищет Бога, чтобы получить от Него откровения и образы. Он может быть назван устами Бога, как и ветхозаветные пророки (Иер. 15:19), ведь он передает Волю Бога на это время для церкви (Откр. 19:10). Он возвещает будущие события (Деян. 11:28; Откр. 22:6), слышит биение сердца Божьего в отношении всей церкви и каждого в отдельности. Поэтому пророк – это человек, который ищет близости Божьей (Ин. 13:23). Откровения, которые он принимает, являются благословением для церкви во многих отношениях. Господь дарует через него:

- Божье обновление
- Божье наставление
- Божье предупреждение
- Божье увещевание
- Божьи помощь и утешение
- Божье прикосновение и встречу с Богом

Пророк открывает Божьи горизонты другим. Он может направлять отдельных верующих, чтобы те заняли свое место в церкви (Деян. 13:1-3). Он раскрывает духовные дары в них (1 Тим. 4:14). Кроме того он помогает общине осознавать ее состояние и намерения Божьи. Благодаря этому она развивается и идет в меру полного возраста (Еф. 4:13).

Пророки подчеркивают важность посвящения и освящения. Они придают значение тому, чтобы Святость Божья и Его Воля ценились и почитались.

Из пророчества Агава о грядущем голоде при кесаре Клавдии (Деян. 11:28) становится понятно, что пророки имеют значение и для общества вне церкви.

Обычно пророки довольно спонтанные личности, которые хорошо справляются с изменениями. Их служение не привязано к одной поместной церкви, как это видно, например, из личности Иоанна (Откр. 2:1-3, 22). Тем не менее они посажены, признаны и вписаны в ландшафт поместной церкви. Это не «свободные художники», не готовые давать кому-либо отчет. Как-то один пророк хотел быть приглашенным в нашу церковь. Я спросил его, кому он подчиняется и где находятся его духовные наставники. Он ответил мне, что никому не подчиняется, потому что служит всемирному Телу Христа. Я ему рекомендовал тогда, чтобы он постучал в двери глобальной общины. Конечно же, он принадлежит всемирному Телу Иисуса, как все христиане. Однако Оно возникает благодаря сумме всех поместных церквей.

Пророки вместе с апостолами закладывают основание церкви (Еф. 2:20). Если в церкви нет пророческого служения, то отсутствует важная часть ее оснащения, и она блуждает вслепую вокруг, в неведении о намерениях Бога.

Как и в случае с апостолом, определенное дистанцирование пророка от людей может создавать напряженность для некоторых братьев и сестер, особенно, если пророк выполняет руководящую функцию в поместной церкви. Из-за того, что их служение не связано с регионом, их не всегда можно найти на месте.

11.4 Евангелисты

На самом деле термин «евангелист» (εὐαγγελιστής – euangelistes) в Новом Завете встречается редко. Кроме упоминания в списке служений в Еф. 4:11 он упоминается еще всего дважды (Деян. 21:8; 2 Тим. 4:5). Этим словом называется личность, которая провозглашает добрую весть. Очевидно, что под этим термином подразумевается: евангелист – тот, кто возвещает Благую весть об Иисусе Христе и Его Царстве.

В двух упомянутых выше отрывках Писания только Филипп – дьякон из Деян. 6:5 – действительно назван благовестником. Филипп возрастал в благодати и из дьякона стал полномочным проповедником Благой Вести (Деян. 8:5-7). После того как он был призван Господом, встретился с вельможей и затем крестил его, был он восхищен с того места, оказался в Азоте и последовал далее (Деян. 8:39). Это повествование показывает нам, что служение евангелиста не связано с поместной церковью.

Мой личный опыт общения с евангелистами подтверждает это предположение. По характеру они, как правило, инициативны и общительны, быстро вступают в разговор и устанавливают контакты. У благовестников есть особая любовь к людям, которые еще не верят в Иисуса. Они с удовольствием заговаривают с незнакомцами и умеют произвести впечатление. Евангелисты видят безысходность людей и слышат биение сердца Божьего. Без особых усилий они говорят с незнакомыми людьми об Иисусе Христе. Они склоняются к конструктивной ясности и у них получается объяснить Евангелие простым и живым языком. Их служение подтверждается видимым действием Бога (Деян. 8:6).

Своим страстным отношением к людям они заражают окружающих. Им удается постоянно напоминать о миссионерском поручении и побуждать к выполнению этой задачи (Мф. 28:19). Это служение имеет огромное значение, но нередко складывается положение, из-за которого община пренебрегает этим поручением. Когда не хватает евангелистов, община рискует сконцентрироваться на себе, а не на тех, кого хочет достичь Бог. В принципе, привести человека к Иисусу может любой из нас, что не означает автоматически, что Бог нам дал служение евангелиста.

Евангелист, также как апостол и пророк, должен понимать, что сго служение ведет к дистанцированию от людей в церкви. Это связано с различными обстоятельствами. Одно из них то, что его служение не привязано к определенной местности. С другой стороны, он пытается вступать в контакт с очень большим количеством людей из своего окружения, поэтому ему просто не хватает времени на братьев и сестер в общине. Кроме того евангелисты иногда говорят, что недостаточно понимают другие задачи в церкви.

11.5 ПАСТЫРИ

Уже в Ветхом Завете мы читаем о пастырях. Так часто называли тогда и правителей (как например Мих. 5:4 и Иер. 3:15). Их задачей было заботиться о народе Божьем. Стоит вспомнить также о добром пастыре из знаменитого 22-го Псалма, который показывает нам образ заботливого Бога. Наконец, Иеремия обещает особых пастырей, которых Бог поставит над Своим народом (Иер. 23:4). Иисус Сам называет Себя «добрым Пастырем» и обетование Иеремии явно связано с Ним (Ин. 10:14; 1Петр. 2:25). Задачу пасти Его народ Иисус возлагает на Своих апостолов (Ин. 21:15-17), апостол Павел, в свою очередь, поручает ее старейшинам и пресвитерам ранних общин (Деян. 20:28). Служение пастырей связано со служением старейшин, поэтому можно предположить, что оно рассчитано на долгое пребывание в одном месте. Таким образом, в отличие от предыдущих трех служений сфера влияния этого служения не межрегиональная. Пастырь заботится о поместной церкви.

Библия называет некоторые критерии отбора старейшин, которые позволяют увидеть ряд аспектов пастырского служения (1Тим. 3:1-11; Тит. 1:6-9). Петр показывает также, как они должны исполнять свое служение (1Петр. 5:1-4): Они должны внушать доверие и быть примером. Несмотря на эти требования, остается относительно открытым детали их деятельности или способы осуществления их служения. Исходя из этого, можно предположить, что пастыри бок о бок с другими служителями являются местными руководителями, которые задействованы для блага как всей общины, так и отдельных людей.

Пастух заботлив, следуя примеру, данному Самим Христом как Пастыря Своих овец (1Петр. 5:2). Он не только тот человек, к которому можно обратиться в беде и болезни (Иак. 5:14), но и кто охватывает взглядом все стадо и несет ответственность за него (Евр. 13:17). Ему важно хорошее общение. Каждому в общине он протягивает руку помощи и каждому дарит свое внимание. Его сердечная забота в том, чтобы видеть овец, обеспеченных всем необходимым. Пастырь, безусловно, хороший душепопечитель, который уделяет достаточно времени братьям и сестрам. Для блага других он готов переносить лишения (Ин. 10:11).

Без пастыря общине не хватает руководителя, который помнит о каждом и о каждом заботится. Межрегиональные служения не могут достичь того, что может сделать один пастырь на месте, посвящающий свое время и свой дар людям. Потому что он помещает людей в своем сердце, и его служение направлено на них. Впрочем он может упустить из виду все, что происходит вне церкви: взаимоотношения и мир в общине могут играть для него самую главную роль, от чего будет страдать распространение Царства Божьего.

11.6 Учителя

Термин «учитель» обозначает служение, которое часто упоминается в Новом Завете. Оно было очень распространено в религиозной среде раннего христианства. Среди прочих обращений к Иисусу часто встречалось: «Учитель». Много раз Он публично толковал Писание и критиковал интерпретации других ученых (например, фарисеев). Он учил в отличие от образованной иудейской элиты Его времени с полной властью Святого Духа (Мф. 7:28-29) и помогал людям находить живые связи с древними писаниями.

Поручение учить – одно из повелений Иисуса Своим ученикам (Мф. 28:20; Мк. 6:30), и у некоторых способность обучать проявилась довольно рано (Деян. 13:1, 18:24). Очевидно, что их главной задачей было толкование Торы и воспроизведение учения Иисуса (2 Тим. 1:11). Среди упомянутых был и Аполлос. В современной литературе его часто называют учителем, хотя в текстах Нового Завета так прямо он им не назван. Впрочем описание его личности в Деян. 18:24-28 не оставляет сомнения в его призвании: с рекомендательным письмом он уехал из Ефеса на Ахаию и позже в Коринф, где оставил яркий след своего служения (1 Кор. 1:12, 3:6). Можно предположить, что Аполлос по причине своего служения должен быть много путешествовать (Тит. 3:13).

Учитель – это служитель, который не обязательно привязан к какому-либо месту. Конечно, у него есть домашняя церковь, к которой он принадлежит. Но в зависимости от характера его служения его приглашают и в другие церкви.

Служение учителя несет с собой большую ответственность (Иак. 3:1). Он должен показать определенную зрелость, похожую на Аполлосову, которого описывают как красноречивого и образованного человека. Учитель должен быть хорошо знаком с библейскими основами, чтобы суметь заложить фундамент для общины и придать ей стабильность. Его восхищают взаимосвязи и глубины Божьего Слова. Исследования доставляют ему радость. Способность излагать сложные факты в доступной для понимания форме принадлежит к его сильным сторонам. Поэтому учитель известен своим острым умом и убедительным представлением доказательств.

Без учителя община находится в опасности верить заблуждениям и следовать им. Эту опасность не удается предотвратить с помощью существующих сегодня всех вспомогательных средств и книг.

Учитель – это личность, которая движется среди людей и в определенной степени ухаживает за общиной, ведь он заинтересован в развитии каждого из братьев и сестер. Слабой стороной учительства может стать склонность стать мелочным, контролирующим, исправляющим и далеким от общины. Да и исследование Священного Писания может стать самоцелью, если он потеряет из виду свою задачу оснащать церковь.

ВОПРОСЫ ДЛЯ ЛИЧНОГО РАЗМЫШЛЕНИЯ.

1. Бог действует в этом мире через людей. Как ты относишься к руководящим личностям в церковных общинах?

2. Мы видим, что руководители призваны в различные служения. При этом многие христиане хотят, чтобы один руководитель обладал множеством способностей. Как изменила эта глава твое представление о руководителях?

3. Какое из этих служений касается тебя лично более всего? Возможно одно из служений будит в тебе особенное внимание или расположение. Это может быть знаком к тому, что Бог тебя призывает к чему-то подобному.

12 Перспектива

Евангелист Филипп – библейская личность, которая меня всегда восхищала. Он выходит на сцену Нового Завета как дьякон (Деян. 6:5). Первая его деятельность, о которой мы узнаем, была организационного характера. Ибо когда все апостолы понимают, что они не могут делать того, к чему не одарены, Филипп проявляет готовность служить за столами вместо них. Хотя апостолы придавали значение этой задаче, поставив туда тех, кто был исполнен Духа, в наши дни меньше всего думают, что это служение может быть духовным. Большинство верующих хотят следовать духовному зову. Однако, как пастор, я знаю, что не всегда просто найти сотрудника для выполнения некоторых простых задач в церкви. Филипп же напротив не ставил себя слишком высоко и добросовестно исполнял свой долг. В этом контексте ему открылась совершенная возможность передавать Благую Весть (Деян. 6:7). Позже мы встречаем его в Деян. 8:6 как зрелого благовестника, чье служение сопровождалось чудесами и знамениями. Филипп – хороший пример роста в Божьей благодати. С готовностью он совершает служение, которое ему доверили руководители. Однако он растет в благодати и Бог расширяет его пределы (Деян. 8:40).

Новый Завет много говорит о росте верующих (2 Кор. 9:10, 10:15; 1 Фес. 1:3; Евр. 5:12-14). Особенно выразительно заключительное слово Петра во 2 Петр. 3:18:

> *...но возрастайте в благодати и познании Господа нашего и Спасителя Иисуса Христа. Ему слава и ныне и в день вечный. Аминь.*

Я убежден, что Божья благодать в жизни верующего, как и во всем творении, может расти и прибавляться. Это относится ко всем дарам (харизмам), которые я описывал! Я верю, что это соответствует замыслу Создателя. Однако и здесь от человека требуется содействие. Безусловно причиной того, почему большинство людей не возрастает в благодати, является не нехватка воли, а скорее недостаток понимания или знаний в том, как способствовать этому росту. Поэтому в заключение я хочу описать в нескольких словах возможный способ, которым мы можем принести благодать в наши жизни в полной мере.

12.1 Три шага

Когда я смотрю на наш потенциал роста, мне нравится говорить о «возможностях Бога». В конце концов, необходимо войти в план, приготовленный Им для нас, а не претворять в жизнь наши желания. Возможно кого-то удивит, но я, в отличие от многих других, не считаю, что человек должен покидать свою собственную зону комфорта. Я думаю, что надо наоборот расширять зону комфорта. Осваивая что-то новое, мы делаем его знакомым для нас и тем самым создаем безопасную зону, в которой можем теперь перемещаться.

То, что мы имеем, − не ничтожно, поэтому мы не можем это отбросить или просто оставить. Вместо этого нам надо примириться с нашим прошлым, принять с благодарностью то, что у нас есть, и расширять наши пределы. Таким способом мы попадаем в здоровое настоящее. Если мы попробуем быть теми, кем не являемся, это приведет к дальнейшим осложнениям. Примирившись с прошлым, мы можем предложить Богу то, что у нас уже есть. В хасидских сказаниях некий раввин Александр сказал: «Человеку не нравится пользоваться разбитыми сосудами. Бог не таков, ведь все Его служители – разбитые сосуды, как говорит Писание: „Близок Господь к сокрушенным сердцем и смиренных духом спасёт.“ (Пс. 33:19)».

Когда мы живем в здоровом, примиренном настоящем, мы способны создавать полное надежды будущее, которое станет реальным с Господом.

Эти шаги безусловно нелегкие, особенно когда наше прошлое гложет нас. Однако нам всегда есть за что благодарить. Что случилось – то случилось, и мы должны научиться заключать с этим мир. Если мы испытываем боль, то должны работать над тем, чтобы получить исцеление. Снова и снова проигрывать боль в памяти и проживать ее в мыслях – не выход. Так мы только вторгаемся в процесс исцеления. Если же мы плохому опыту дадим власть испортить нашу жизнь, то наше прошлое будет держать наше будущее в заложниках. И напротив, когда благодарен, трудно одновременно беспокоиться!

Мы хотим смотреть вперед на возможности Бога и с полной верой в действия Божьей благодати ожидать будущего. Конечно, такое видение стоит далеко от настоящего, и мы не знаем произойдет ли все то, что мы хотим осуществить, и если произойдет, то как именно. Однако путешествие в дальние края начинается с первого шага. Оно начинается тогда, когда мы идем, а не когда мы об этом говорим.

12.2 Победить боль

В пятой главе с помощью аллегории Платона «Миф о пещере» я объяснил, что развитие всегда связано с болью. Новое и неизвестное прокладывается в трудном процессе. Каждый раз, когда я начинал что-то делать в новой области, мне приходилось мириться с неудачами. Многого я не мог, некоторые вещи мне были вовсе незнакомы. Каждый, кто впервые принимает участие в тренировке футбольного клуба, может быть осмеян каким-нибудь участником. Он, может быть, услышит, что каждый сверчок должен знать свой шесток и подобное. Однако если у него есть немного таланта и неплохая моторика, то рано или поздно он себя покажет, если будет тренироваться дальше. Одного таланта недостаточно, его надо развивать. Для хороших результатов нам нужны знания и опыт.

Ошибка, которую я часто наблюдаю, при освоении людьми новых областей – это отступление, при первой же боли роста. Для некоторых процесс развития слишком изнурителен. Другие избегают критики, отвержения и взглядов других, и отступают к безопасному и знакомому.

Однако с большим усилием, усердием и благодатью Господа эти боли роста можно преодолеть. Впрочем есть еще один ключ, который может нам помочь не остановиться на достигнутом: подходящий руководитель или наставник. Люди, уже прошедшие тот путь, который еще перед нами, могут стать большим преимуществом в этом процессе. Они знают ловушки и ошибки, которых нам стоит избегать и могут чувствовать возможности Бога.

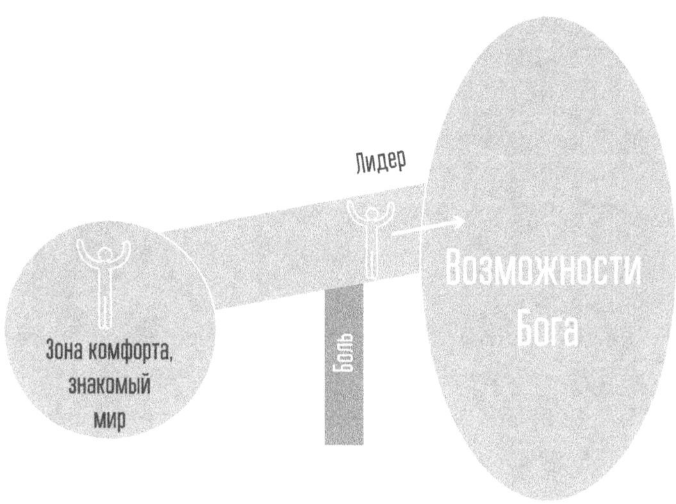

Мы видели, что задачей пятигранного служения является оснащение святых. Поэтому есть смысл консультировать лишь того лидера, который к этому готов. В идеале должен быть наставник, у которого похожее призвание. Он видит вещи, которые нам еще не открыты, и знает, как преодолевать определенные препятствия. В этом смысле он помогает нам побеждать ограничения нашего мышления, познавать Божье видение и в нем расти. Мы не должны на каждом нашем жизненном этапе иметь одного и того же лидера, но всегда должен быть кто-то, кто нас направляет.

Кто рискнет выйти в широкие воды в паре с опытным моряком и искать того, что для него приготовил Господь, испытает рост в благодати. Таким образом Царство Божье станет чуть более реальным на Земле.

Мы не строим Божье Царство, чтобы жить, но мы живем, чтобы строить Божье Царство!

Библиография

Achtemeier, P. J.: *1 Peter: a commentary on First Peter*. Minneapolis 1996.

Augustinus, Aurelius: *Des heiligen Kirchenvaters Aurelius Augustinus Vorträge über das Evangelium des hl. Johannes. Vorträge 1–23. Bibliothek der Kirchenväter*. Kempten 1913.

Baumert, Norbert: *Sorgen des Seelsorgers. Übersetzung und Auslegung des ersten Korintherbriefs*. Würzburg 2007.

Bickle, Mike / Sullivant, Michael: *Prophetie oder Profilneurose. Wie die Gabe der Prophetie in unseren Gemeinden reifen kann*. Aßlar 1996.

Brunner, Emil: *Gnade, in: Religion in Geschichte und Gegenwart 3. Band 2*. Tübingen 1957.

Fee, Gordon: *Der Geist Gottes und die Gemeinde. Eine Einladung, Paulus ganz neu zu lesen*. Erzhausen 2005.

Fee, Gordon: *God's empowering presence: the Holy Spirit in the letters of Paul*. Grand Rapids, Michigan 2011.

Greshake, Gisbert: *Gnade – Geschenk der Freiheit*. Kevelaer 2004.

Grudem, Wayne: *Die Gabe der Prophetie*. Nürnberg 1994.

Härle, Wilfried: *Dogmatik*. Berlin 2012.

Hauck, Friedrich / Schwinge Gerhard: *Theologisches Fach- und Fremdwörterbuch*. Göttingen 2005.

Kaldewey, Jens: *Die starke Hand Gottes: Der fünffältige Dienst*. Oberweningen 2001. (Издание на русском языке: Кальдевай, Йенс. *Сила Божьей руки. Пятигранное служение.* / Йенс Кальдевай. Издательство Агапе., 2002)

Karcher, Günther: *Pneumatologie II*. Erzhausen 2007.

Maxwell, John C.: Charakter und Charisma. *Die 21 wichtigsten Qualitäten erfolgreicher Führungspersönlichkeiten*. Gießen 2005. (Издание на русском языке: Максвелл, Джон К.: *21 обязательное качество лидера. Как стать человеком, за которым последуют другие.* / Джон К. Максвелл. - Минск: Издательство Попурри, 2006.)

Mehrabian, Albert: *Inference of Attitude from Nonverbal Communication in Two Channels*. In: *The Journal of Counselling Psychology 31*. S. 248–252, 1967.

Moltmann, Jürgen: *Der Geist des Lebens. Eine ganzheitliche Pneumatologie.* Gütersloh 1991.

Roth, Ulli: *Gnadenlehre.* Paderborn 2013.

Rust, Heinrich Christian: *Prophetisch leben – prophetisch dienen. Die Entdeckung einer vergessenen Gabe.* Witten 2014.

Schnackenburg, Rudolf / Schweizer Eduard: *Evangelisch-katholischer Kommentar Zum Neuen Testament. Der Brief an die Epheser / Der Brief an die Kolosser.* Ostfildern 2013.

Schniewind, Julius: *Das biblische Wort von der Bekehrung. Berlin 1971.*

Schrage, Wolfgang: Evangelisch-katholischer Kommentar Zum Neuen Testament. Der erste Brief an die Korinther. Ostfildern 2015.

Schulz von Thun, Friedemann: *Miteinander reden 1: Störungen und Klärungen: Allgemeine Psychologie der Kommunikation.* Hamburg 2011.

Steer, Roger: *Georg Müller. Vertraut mit Gott.* Bielefeld 2009.

Turner, Max: *The Holy Spirit and spiritual gifts: in the New Testament church and today.* Peabody, Massachusetts 2009.

Ulonska, Reinhold: *Geistesgaben in Lehre und Praxis. Der Umgang mit den Charismen des Heiligen Geistes.* Erzhausen 2003.

Ulonska, Reinhold: *Gott hat gesetzt… Auftrag und Aufgabe der charismatischen Ämter.* Erzhausen 1995.

Vatter, Stefan: *Finden, fördern, freisetzen: Wirksam führen – die Wiederentdeckung des apostolischen Dienstes.* Schwarzenfeld 2016.

Westermann, Claus: *A Continental Commentary: Genesis 1–11.* Minneapolis 1994.

Wolff, Hans Walter: *Anthropologie des Alten Testaments.* Gütersloh 2010.